LUXEM · IMPRESSIONEN

JOHANNES FRIEDRICH LUXEM

Impressionen

PROSA UND GRAPHIK

Ausgewählt und herausgegeben
von Björn Göppl

Mercurius-Verlag

Erstausgabe September 2009

Gesetzt im Verlag aus der Garamond-Antiqua
(Claude Garamond 1530, Digitalschnitt 2005 Robert Slimbach)
Umschlag: Björn Göppl
Umschlag-Graphik: Johannes Fr. Luxem
Druck und Bindung: BoD GmbH, Norderstedt

ISBN 978-3-939569-03-9

INHALT

Vorwort des Herausgebers 8
Schauspiel, Verborgen 10
Ramersbacher Notizen 11
Märchen, Hülsen 23
Säbelchen 24
Trommel 25
Auf dem Teppich 26
EPISODEN AUS DEM KRIEG 27
Kascha 28
Götterdämmerung 30
Gäste 32
Kartoffeln 33
Der Pokal 34
Unvergeßlich 36
Apfelbäume bei Cambrai 38
Sesenheim 39
DAS LAGER 41
Gedenken und Erinnern 42
LEHM 44
Die großen Feuer 45
Hunger 46
Regen, Nässe, Kälte. Erdgruben 48
Durst 51
Knollengrube 52
Lieder und Trost 53
Chimäre 54
Brot 55
Rückfälle 56
Lehm-Idole, Im Käfig 58
Schlaf 60
Nächte im Lehm 62
Erscheinung, Gedichte 63
Verluste 64
Umsonst 65
Hommage à Daedalus 67
Projektionen 68
Frage 69
Brasilianische Plastik 70
Unter den Silberweiden 72
Suche 73

Botschaften, Metamorphose	74
ORIENTALISCHE IMPRESSIONEN	75
Istanbul	76
Marmarameerfahrt	78
Ayvalik, Pappeln	79
Möven, Wolken	80
Fotografen	81
Bursa	82
Pergamon, Museum in Ephesus	84
Aufbruch, Flügelschläge	86
TUNESISCHE IMPRESSIONEN	87
Der Karren	88
Loblied auf Burro	89
Kinderspiel in Mocknine	92
Vivez les bons moments, Wie in Arkadien	94
Christo was here	95
GRIECHISCHE IMPRESSIONEN	
Mykene	97
Santorin	98
Matala	99
Delphi	100
Boulogne	101
Moskau, Cythera	102
Nicäa, Long long ago	103
Im Labyrinth	104
Enigma I – III	105
Giacometti	106
Spurensuche	107
Eifler Apfelbaum	109
Ahrweiler	111
Kleines Loblied auf Ramersbach	112
Weiden im Denntal	114
Im Weidenbaum	117
Nebel, Hinter Ligustern, Suchen	118
In Watzlaws Reich	119
Morgen ist Sonntag I – II	121
Moderatoren, Ein Fernsehabend	123
Frei	124
Festhalten, Traum	125
O si tacuisses	126
Ahnungslos	128

ONKEL & TANTE
Meditation 130
Unsichtbares 131
Verdacht 131
Mesalliance, Nachtgeschichte 132
Rätsel 133
Mythos Wasser 134
Undine 142
Frühschnee, Moos 143
Häufung 144
Ikarus 145
Ohne Titel 146
Aufhören 147
Niemandsland 148
Klassentreffen 153
Alte Frage, Splitter 155
Alter Spruch 156
Sommerende, Schlaf 157
Zeit 158
Wer 159

VORWORT DES HERAUSGEBERS

Dieser Band vereint Impressionen in Prosa mit 28 Schwarzweiß-Graphiken. Sie stehen gleichrangig und unabhängig nebeneinander, direkte Bezüge entstehen oftmals, aber nicht regelhaft. Die Graphiken illustrieren nicht etwa den Text – sie begleiten und erweitern ihn durch gemeinsame thematische Elemente und vielfältige Assoziationen aus dem großen, zugleich auf bestimmte Schwerpunkte konzentrierten Spektrum der Gedanken, Eindrücke, Deutungen und Motive.
Johannes Friedrich Luxem verwendet für seine Tusche-Zeichnungen ausgehöhlte Holunderzweige, auch Schilfrohr und Milanfedern, er malt und zeichnet auch mit Kohle und Ölkreide. Oft improvisierend, von Einfällen und Stimmungen geleitet, gestaltet er sowohl realistische visuelle Impressionen als auch ganz imaginäre, schemenhafte oder wuchtig-expressive, vieldeutige Phantasieschöpfungen.
1924 wurde er in Satzvey geboren und wuchs in der ländlichen Umgebung der Eifel auf. Seine Vorfahren waren Bauern, Steinmetze und Lehrer, sein Vater wirkte als Rentmeister in Satzvey.
Das Schicksal seiner Generation bestimmte der Zweite Weltkrieg. Im Ferienkriegsdienst arbeitete er in der örtlichen Kaolingrube und fuhr auf der Feldbahn als Bremser mit, hob Gräben in Lothringen aus. Im Abiturjahr 1942 leistete er den Reichsarbeitsdienst und wurde bis Kriegsende Panzersoldat, zuletzt Fahnenjunker.
Als begeisterter Leser hatte er immer Reclamhefte bei sich, auch vor den großen Panzerschlachten an der russischen Front auf endlosen Sommenblumenfeldern und in Birkenwäldern, an Rilke und Tolstoj denkend. Das Grauen des Krieges wird in den acht EPISODEN (ab Seite 27) nur angedeutet. In letzter Sekunde entging Luxem dem sich schließenden Kessel von Orel, konnte sich (und sogar seine Bücher) retten, kämpfte dann in der Normandie und den Vogesen, schließlich rechts des Rheines im Gebiet der Remagener Brücke und im Rhurkessel, wo er in amerikanische Gefangenschaft geriet.
Die Lebensgefahr setzte sich fort, mit Hunderttausenden war er unter freiem Himmel im berüchtigten Hungerlager der «Rheinwiesen» interniert – eine weitere traumatische Erfahrung, deren ergreifende literarische Gestaltung in diesem Band erscheint: DAS LAGER (ab S. 41). Beinahe verhungernd und unter sengender Sonne verdurstend, grub er wie alle Häftlinge mit den Fingernägeln nach eßbaren Wurzeln, überlebte das Massensterben letztlich knapp, durfte nicht einmal seine spärlichen Bleistiftstummel-Notizen auf Pappstücken behalten.
Schon als Schüler hatte er aus freiem Antrieb begonnen, mit Blei, Kohle und Deckfarben zu zeichnen und zu malen. Er machte auch an ruhi-

geren Kriegstagen in Frankreich Skizzen. Die künstlerische Tätigkeit führte er parallel zu seinem Berufsleben als Lehrer, Schulrat und Regierungsdirektor fort, wiederum auf dem Lande, in Ramersbach lebend. Sein Haus bietet Ruhe, Einsamheit und einen grandiosen Fernblick über bewaldete Eifelhöhen auf farbenprächtige Sonnenuntergänge. Ein weiteres Refugium besaß er schon früh in der Provence – und in Gestalt eines Segelbootes in Dänemark. Er reiste immer wieder umher, in Frankreich, Belgien, Skandinavien, Italien, Griechenland, dem Balkan, Spanien, Marokko, Tunesien, China und Malta. Seine REISE-IMPRESSIONEN (ab S. 75) in Wort und Bild zeugen davon.

Freiheit ist sein großes Credo, sein innerstes Motiv, auch bei der immerwährenden Suche nach Sinn, Zusammenhängen und schöpferischer Verwirklichung im schwebenden artifiziellen Ausdruck. Unabhängigkeit, Begeisterungsfähigkeit und Humor liegen in seinem rheinischen Naturell, existentielle Tiefgründigkeit und Melancholie mischen sich graduell hinzu, lassen Leichtigkeit und düstere Schwere als polare Daseinsmomente in den graphischen und literarischen Ausdrucksformen vielgestaltig erscheinen. Schrecken und Stille, Dunkel und Licht.

Künstlerischen Unterricht nahm er bei Professor Wilhelm Holzhausen, wurde Mitglied im Künstlerbund Rheinland und weiteren Vereinigungen, Teilnehmer ungezählter Ausstellungen im In- und Ausland, ist seit langem angesehener Vizepräsident der ARE-Künstlergilde. Gehalt und Stil seiner Ölbilder wie der hier gedruckten Graphiken zeigen eine kontrastreiche Spannweite. Konkretes und Abstraktes, Andeutungen und Allegorien, Schatten und Symbole gehen ineinander über.

Dasselbe gilt für seine ganz unterschiedliche Prosa, die tagebuchartige Beobachtungen, Eindrücke und Erlebnisse ebenso umfaßt wie unwirkliche, rein imaginäre Vergegenwärtigungen und Vermutungen – stets in der Spannung zwischen Realität und Phantasiebildern, äußerem Geschehen und Traum. Die hier in Auswahl dargebotene Vielfalt seiner schriftstellerischen Werke gilt es als Leser zu entdecken.

IKARUS ist eines der zentralen Motive, die strebende Hoffnung und das Scheitern, die ZEIT und das Festhalten des Augenblicks, die Suche nach den richtigen Worten und den Rätseln des Lebens. Geschildert werden die Landschaften der Eifel, des Rheins, der Mediterranée, aber auch Märchenhaftes, Surreales und Skurriles. Impressionen sind für Luxem meistens auch Imaginationen: «Nur wenn wir träumen, beginnt Rückkehr hin zu Urregionen, Atavismen – und endlich Ankunft dort, von wo der Bogen sich spannte ...»

Ahrweiler, im September 2009 Björn Göppl

SCHAUSPIEL

Die riesige
Cumuluswolke
erlosch, zerfloß:
Wachsgeklump, weiß
ins Grauviolett
der Unendlichkeit,
aufgesogen
von Regen und Dunst. –
Über dem Tal
jagten Milane.
Die Wälder rauschten
ihr Sommerlied.
Doch schliefen wir
leider und
hörten es nicht...

VERBORGEN

Mit neuer Spitze
gleitet der Stift über
die Eisfläche des Papiers,
ohne zu ahnen,
was sich darunter verbirgt.
Drück nicht zu stark,
sonst
brechen wir ein,
schweigend
ins Packeis der Blätter...

RAMERSBACHER NOTIZEN

Allein trinke ich frühmorgens eine Tasse Kaffee, schaue verschlafen in meinen grünen Dschungel, traue meinen Augen nicht: vor mir, auf der morgenfeuchten Wiese steht ein Rehbock, jung, etwas zurückgeblieben. Ich bewege mich nicht, nur die große Glasscheibe trennt uns – homo sapiens und Wundergeschöpf. Er schaut ebenfalls unbeweglich durch die Scheibe, in seinen dunklen Augen etwas wie Erstaunen – oder ist es nur Neugierde, Instinkt, Gleichgültigkeit? Sondierung unbekannten Terrains?
Unschlüssig scheint er zu sein, verwöhnt. Er schnuppert hier und da an den Gräsern, knabbert lustlos an einem Päonienblatt, probiert Löwenzahn, der die feuchte Mooswiese an vielen Stellen überwuchert. Dann dreht er sich um, steigt gravitätisch die Basalttreppe hoch zum kleinen Kräutergarten, riecht an Minze, Rosmarin, Lavendel, Liebstöckel, kommt an die Schale mit Geranien und hier plötzlich mundet es ihm. Fort sind sie, die dunkelroten Blumendolden, die im grünen Einerlei der Wildnis ein Lichtfleck waren, ein wichtiger Kontrast.
Etwas später öffne ich vorsichtig die Haustür und – da steht er, dicht vor mir. Wir blicken uns den Bruchteil einer Sekunde an, dann macht er eine blitzschnelle Wendung, verschwindet in kleinen Fluchten über die Treppenstufen in den unteren Hof, flieht am Brunnen vorbei die Auffahrt hinab, waldwärts zur Florianshütte – alles in großer Schnelligkeit, alles wie ein unwahrscheinlicher Spuk in früher Morgenstunde...

Dann kommt die Amsel, «Hängeflügel», meine schwarze Freundin aus den Hecken. Sie suchte nach dem Winterfutter, dessen Reste nun im Gras verborgen liegen. Klugerweise hat sich eine Spitzmaus unter den Bäumen am Futterhäuschen angesiedelt. Da fiel im Winter so manches Körnchen, manches Flomenstück hinunter – Glück für die flinke Maus. Einmal, als der Schnee hoch gefallen war, kletterte sie hinauf ins Futterhäuschen, fraß sich voll, einen Tag, bevor Sankt Nikolaus kam.

Blick in die Zeitung – nichts Erfreuliches zu lesen. Stichworte: Paßt auf, wie ihr fahrt – Das Gesetz und der Zufall – Das ökologische Desaster – Zusammenbruch der Biosphäre – Ich suche meinen Körper – Bakterienkrieg – Grenzüberschreitungen – Existentielles Schlüsselerlebnis – Ekstasen im Schlamm – Die Apokalypse hat schon begonnen – Ihr mit heroischer Haltung ins Auge sehen – THE POINT OF NO RETURN.

Oft an Regentagen, beim Blick in Nebelwände, lilagraue Schemen der Liguster, Tautropfen, Perlen im Spinnennetzgewirr, Vollkommenheit der Stille – plötzlich ein Gefühl der Fragwürdigkeit.
Fragen stellen an die Dinge, Formen, die Bilder, Skulpturen, an Ahorn und Kastanien, an Beerenbündel, Gräser und an sich selbst.
Frageketten an die Geschätzten, die Masse, die Ignoranten, den Hypochonder von nebenan – die Fragestellung bereits falsch, Deutungsversuche kläglich steckenbleibend in psychischer Gegenbewegung – Ratlosigkeit.
Flucht ins Spiel, Lust am Verlieren, Tropfen des St. Emilion auf der Zunge zergehend, stummes Zitieren der Charakteristika, wunderliche Liaison zwischen Papillen und unbekannten Windungen des Cortex: robe rouge, rubis foncé, souple, aux tannins velouté ...

Ganz unvermittelt: Erinnerung an Isaak Babel, Güterwagenfahrt in die Taiga, Katorgabaracken, Fron, Hunger, Kälte. Mit den Namenlosen untergegangen, nie mehr zurückgekehrt. – Traurigkeit in trüben Stunden und ein Erinnern an seine Worte: «Der Nebel stand vor dem Fenster, mein Herz krampfte sich zusammen, mich streifte plötzlich eine Vorahnung der Wahrheit.»

Im Innenhof des Museums steht ein Metallmenhir in Blumenrabatten: der große Daumen Caesars, Messing, glänzend im Licht. Frappierend die Realistik der Skulptur: jede Hautfalte, Adern, Innen- und Außenseite, Nagelbett und Nagel entsprechen der Wirklichkeit. Wellenförmige Erhebungen, Hauthügel, glatte Flächen – eine dreidimensionale Wiedergabe der Landschaft eines menschlichen Daumens.
Im Saal: die Augen endlich gelöst von einem wilden Gemälde Jean Dubuffets, Blick hinab in den Hof. Ein Tourist filmt den Daumen Caesars. Vorsichtig nähert er sich der seltsamen Stele, klopft mit Knöchel seines Zeigefingers an die Außenwand – Finger gegen Finger –, blickt sich um und kratzt dann am spröden Material, umschreitet die Plastik. Er streicht über die glänzend polierte Wölbung des großen Daumennagels, hält inne, scheint mit der Überprüfung – und mit sich selbst – zufrieden zu sein.
Dann bückt er sich, zögert einen Augenblick, hebt den Camcorder auf, stellt sich in Position, drückt auf den Knopf und filmt erneut das glänzende Gebilde im Geranienrondell. Umrundet Blumen und Daumen mit kleinen Schritten – jemand ruft ihn: er, der einzige Neugierige, einziger Betrachter und Bewunderer eines Riesendaumens aus Messing kehrt gehorsam zurück zu der wartenden Reisegesellschaft ...

Seltsam, wie sich in letzter Zeit Träume mehren. Beim Erwachen das Gefühl, als hätte man die ganze Nacht hindurch traumlos geschlafen und als kämen wirre Bilderketten, fremde Gestalten, spektakuläre Ereignisse erst am Morgen, kurz vor dem Erwachen.
Heute am Rande eines wilden dunklen Gewässers, reißende Strudel in Schwarzblau. Eine schemenhafte Gestalt winkt

am anderen Ufer, Rufe werden von Sturmböen verweht. Ich winke hastig zurück, schreie gegen den Sturm und das Wasserrauschen an, renne an der Uferböschung entlang, will eine flache Stelle ausfindig machen, um hinüber zu gelangen. Plötzlich erfaßt mich eine Woge, reißt mich mit – in der Ferne verschwindet die rufende Gestalt, eisigkalt ist das Wasser, lähmend. Schreckliche gurgelnde Geräusche – und ich erwache.
Herumrätseln, Deutungsversuche: was meldet sich da aus dem Unterbewußtsein mit solch verschlüsselten Botschaften? Welches reale Erlebnis kommt auf diese Weise, chiffriert, verformt, umgewandelt, im Traum wieder zurück an die Oberfläche und: welche tiefere Bedeutung hat die dramatische Geschichte?

Draußen vor meiner mit Büchern vollgestopften Troglodytenhöhle ein heller herbstlicher Tag, Sonnenschein, tiefblauer Himmel über den rostroten Wäldern. Leichter Wind bewegt das Blattwerk der Rhododendronbüsche hin und her. Hinter dem Gewirr der Hecke aus hochaufgeschossenem Liguster, Buchsbaumsträuchern und Wildrosen leuchten die Korallenbeeren der Ebereschen. Veränderungen sind erkennbar in den Grünnuancen der Gebüsche, ein Schwinden der Chlorophyllwogen tausender Blätter. Dann: eine Wolkenbank vor der Sonne. Sie hat die Form einer Riesengestalt mit geballter Faust. Auf einmal ist alles verändert, wie von einem Schleier überzogen, dunkler, bedrohlich, bis im unaufhörlichen Wechselspiel das Sonnenlicht wieder Wälder und Weite verheißungsvoll überstrahlt.

Schon sammelt sich unser Nachlaß in Schubladen, Kisten, Schachteln. Gestapeltes in Schränken, Truhen, Kästchen, alles überquellend. – Bald werden sie am Werk sein, emsig und kopfschüttelnd, Aussortierer auf dem Holzweg zum Container. Vielleicht wird das Vergessen wohltuend sein...

Wieder ein Traum: Auf einem Felsvorsprung, Blick nach unten und oben, weiße Wolkenfetzen zerstoben im Azurblau, dann eine endlose Eiswüste, arktisches Schneemeer. «Die Schatten der Dämmerung wachsen», sagte Shakelton halberfroren auf dem Weg nach Elephant Island. Neben ihm gehend in der grenzenlosen Einsamkeit sah Ernest Henry schemenhaft eine dritte Gestalt auf dem Weg strandwärts zu den Trankochern.
In wieviel Dämmerstunden sind wir unbekannte Wege gegangen, ersehnten Zielen entgegen, umhüllt von wachsenden Schatten. Rätsel: wer aber war der schützende Begleiter?

Noch einmal DÄMMERUNG. Beim Gang durch die Fichtenschonung: Geäst kratzt, der Steilhang drängt, wir verlieren den Halt. Auf der Schräge bewegt man sich anders, zögernde Schritte, zielwärts nach unten, vorbei an Hindernissen, sie kühn überwindend, abrutschend, sich anklammernd vor Stürzen auf der Hut. Alles ist anders auf schiefen Ebenen: Perspektiven verschoben, Schritte verhalten – Beklemmungen, Ängste, unsicheres Tasten, wo vorher Gewißheit war. Selbst die Sprache weist verräterische Züge auf, Gestammel, Worthülsen, kleine Signale von Furcht und Nichtnotwendigem. Kürzer, beengter das Gehen, endlich ratlos vor Abgründen, doch – punktklein am Horizont, rötlich schimmernd im Abend: Hoffnung – da oben kreist Ikarus.

Traumbericht aus dem Hungerlager. Beim Graben von Erdhöhlen stoßen wir auf Reste einer alten Müllgrube. Wir legen Schicht um Schicht frei, Ärchäologie im Abfall, Entdecken eines neuen Troja. Aus zähem, rotgestreiften Barchentgewebe etwas herausholen, Nähte mit Roststücken öffnen. Die Federwolke quillt aus dem Riß, grauweiß gegen das schmutzige Rot. Ein Windstoß trägt sie fort ans Ufer des Stromes, im Dornengestrüpp langsames Hängenbleiben. Geklump löst sich auf, flattert höher, ein Schwarm auseinandergerissener Federn. Sie schweben weiter mit der warmen Strömung des Windes, künstliche Schmetterlinge über trostloser Ödnis der Schlammwüste. Winzige weiße Punkte unter grauem Regenhimmel, hinüberfliegend ans andere Ufer, zu Kirchtürmen und Rebenhügeln. In unseren Gedanken sind wir Wanderer über Grünteppiche, Blumenauen verdecken den Schlamm. Nach erträumter, ständig erwarteter Befreiung beginnen endlich im Schwebedasein unsere Metamorphosen.

Madame de Sévigné schrieb eintausendfünfhundert Briefe an ihre Tochter nach dem Château de Grignan. Unsereinem stockt schon die Feder nach den üblichen Floskeln – «Wie geht es Euch denn? Auch uns gehts noch gut!» Dann nur Pause, Leere im Kopf. Woher kommt die tabula rasa? Da oben – nichts, wo doch eben noch tausend Gedanken sich kreuzten, ein Sammelsurium der Belanglosigkeiten und Plattitüden: Reservoir mit Wünschen, Dingen und Wortgewirr! Doch schon die ersten Zeilen des Briefes treiben den Schweiß, lassen da oben die Maschinerie einfach stehen – rien ne va plus. Jason wie abwesend, in Gedanken schon auf der ARGO, hart am Wind, Segel gebraßt, Kurs Kolchis, hin zu den Blauwasserbuchten der Sehnsucht.

Zuhause: *c'est l'habitude* – wir suchen verzweifelt die Zeit, das Jetzt vor dem Nachher, das Bald nach dem Vorher – glücklose Späher. Aus Lapislazuli reiben wir imaginäres Blau für erdachte Fährten der Befreiung. Wirklichkeit – verschwommene Täuschungen, Selbstbetrug. Wir ewigen Tagträumer, unverbesserlich. Draußen Grünschattierungen, spiegelnd, durchschnitten von Sichelflügeln der Schwalben. Wir wissen, daß das Nichtvorhersehbare am seidenen Faden hängt.

Wir setzten das Sommerschiffchen vollgetakelt und über die Toppen geflaggt vor der Dämmerung ins Wasser des Bleibachs. Heimlicher Stapellauf zwischen Kiesgeröll, Binsen, Schöllkraut und den Dschungeln des Huflattichs. Unsichtbar blieb der Steuermann, doch die dunkle Barkentine verschwand mit geblähten Segeln hinter der Krümmung des Baches. Leichter Wind rauschte, die Schilfwand bog sich, Büschel wie Händewinken: Ade und Ahoi.

Auf der Suche nach Erinnerungen findet die Sonde ihren Weg, umgeht plötzlich ragende Hindernisse, stößt vor in die Cavernen, in die verborgenen Bilderspeicher. Fündig geworden: sie tauchen auf, neue Gebilde, als habe ihnen ein geheimnisvoller Katalysator andere Konsistenz gegeben. Sie, die vergilbt und farblos waren, Photographien aus alten Alben, in wurmstichiger Truhe auf dem Speicher verstaubt mit gelblichen Rändern, Wasserflecken, die Konturen verschwommen, nicht greifbar, alles sehr fern. Noch immer lächeln die Personen ihr starres Photographiertwerdenlächeln von damals, vor fünfzig Jahren. In einem Sekundenbruchteil fixiert: unnatürliche Haltung, der Dackel im Arm der fülligen Tante, eine verrutschte Brille, Hortensienblüten, Bougainvillea, an der Laube Clematis – alles blühte ein halbes Jahrhundert weiter: wundersame Erstarrung, Überdauern eines einzigen, längst vergangenen Augenblicks – alle lächeln, unverkenbare Freude der Abkonterfeiten, ein Sommertag, Gewitterwolken, damals, fern – doch: sie alle schon hinübergegangen ans andere Ufer ...

Bei diesigem Wetter, kaltem Regen, scharfem Wind, bei zu raschem, unvorsichtigen Gehen, beim Treppensteigen – immer komme ich außer Atem, muß stehenbleiben, ringe nach Luft, habe das Gefühl, daß es nicht weitergeht, kann auch erst weiter, wenn sich das hechelnde Atmen beruhigt hat. Man muß diese Erfahrung immer wieder aufs neue machen, die ungeliebte Erkenntnis dämmert auf in der alten Langläuferseele, daß alles nur noch langsam, bedächtig geht, daß jedwede Hast sich augenblicklich rächt, daß Körper und Organe ihr ganz spezifisches Recht beanspruchen, die Forderungen des Alters und der Krankheit, die einen im Würgegriff hält. «Hast schlägt aufs Herz», sagte schon unser Großvater.

Drei Feinde stehen bereit zur Attacke, warten auf den Augenblick, wieder zuzuschlagen, ihre Pfeile aus dem Köcher zu holen und den Bogen des Odysseus zu spannen: es sind die TREPPE, die PILLEN und – der heimtückischste Feind: die UHR.

Früher – ja früher! – da nahm man die fünfzehn Travertinstufen fast im Fluge, war im Nu oben, brauchte keine Sekunde zu verharren, Luft zu schöpfen, man merkte den Aufstieg garnicht, war schon oben und eilte weiter... – heute fragt man sich: wohin eigentlich? Und warum immer so eilig? Was gab es Wichtiges, Nichtaufschiebbares, das einen so vorantrieb, welche Peitsche jagte einen in den immerwährenden Streß? Da stand im Terminkalender und auf Briefbögen das ominöse Wort «Eilt», das war sakrosankt, duldete – scheinbar – keinen Aufschub, war «Sofort zu erledigen»!

Ein zweiter Feind: die bunte gemischte Gesellschaft der Kapseln, Dragées, Pillen und Filmtabletten in der Schiebedose mit autoritärer Einteilung: Morgen, Mittag, Abend, Nacht. Da wird das Auflösen und Gesprudel einer weißen Scheibe im Glas zum Ritual, dann das Umrühren eines weißen Pulvers im Wasser, es kommt die abstruse Überlegung auf, welche Musik zu diesem Vorgang passen würde – von Albinoni zu Skrijabin, von Smetana zu Mozartklängen. Oder, besser: das Bewahren der Stille beim Zwangsritual, dann kann man sogar das Sprudeln der im Wasser perlenden Tablette hören.

Und dann, drittens, noch ein Feind des alten Mannes, der

gefährlichste – nur die können ihn erraten, die selbst mit ihm verfeindet sind: es ist die UHR-ZEIT. Tückisch, im Camouflagengewand betonter Harmlosigkeit läuft die Zeit uns voran, besser: davon. Wie sachte dreht sich der Sekundenzeiger der Armbanduhr, lautlos, als wollte er sagen, mein Gott, reg dich doch nicht auf, alles sind nur Kleinigkeiten, auch deine Wehwehchen... So kreist der raffinierte kleine Zeiger unaufhörlich weiter, berührt mit seiner Spitze die Peripherie, streift die zwölf Ziffern in gnadenloser Unermüdlichkeit, alles still und erschreckend gleichgültig.
Doch da sind im Haus noch die anderen Zeitmesser, anderen Zeitfresser. Sie sind größer, laut, genieren sich nicht zu ticken und die Stunde zu schlagen. Sie bilden eine schlagkräftige Truppe, einen Gegner in den eigenen Wänden, gegen den man nicht ankommt.
Tempus fugit das ist unser Donnerwort – die Zeit, unsere uns zugemessene Zeit, läuft uns davon, jetzt, in diesem Augenblick, der eben noch Präsens war, schon wieder *passé*! Könnte man mit ihr ein Abkommen schließen, ein Bündnis, vernünftig verhandeln, sie überreden, vielleicht sogar bestechen? Nein, sinnlos, sie spricht nicht mit uns, ist erhaben über alle gemeinen Anfechtungen, sie ist integer, zeigt dem Schwindler kühl ihre Zeiger, verweist als Standuhr auf ihre Messinggewichte, ist sich ihrer existentiellen Gewichtigkeit voll bewußt.
Doch, aus dem Gefühl der Hilflosigkeit schält sich langsam ein tröstender Gedanke, bei einem Glas Auxerrois, Kerzenlicht und Händelklängen setzen wir zur Überlegung an, wie wir sie, die seit Urzeiten Vorübereilende, festhalten könnten?

Der Zeit ein Schnippchen schlagen: den Augenblick festhalten im Wunsch, er möge unveränderlich sein, daß er bleibe, sich verfestige im Verharren und – da dies ja nicht möglich ist – wenigstens lange glücklich nachwirke...

Sie darf nicht erlöschen, diese Glücksflamme des Augenblicks mit Emotionen, Strömungen, Wünschen, Erfüllungen, die, kaum begonnen, gerade emporgerissen zu Höhepunkten der Existenz bereits wieder erlöschen, sich entfernen, schon nicht mehr gegenwärtig sind, im Fluge unbarmherziger Zeit bereits wieder vergangen.
Doch o Wunder: da ist der Hippocampus, sind die Synapsen, Zellen, die Bilder des Einmaligen speichern, die es ermöglichen, diese Bilderketten, Gestalten, Landschaften, Sonnenuntergänge, Impressionen zurückzurufen nach vielen Jahren, selbst dann, wenn sie wie alte Bilder aus dem Familienalbum verblaßt erscheinen. Welch ein Glück, daß die erwünschte, wieder aufgerufene Intensität vergangener Erlebnisse noch lebendiger wird, wenn der homo sapiens – wie manchmal in grauen, lichtlosen Tagen – ins «dunkle Loch» fällt, alles um ihn herum düster, trübe.

Dann erst recht beginnen innere Bilderketten zu leuchten, hört man längst vergangene Worte, Geflüster, Beschwörungen, fühlt man Schweigen, aus den Händelklängen ans taube Ohr dringen. Der Schluck grünen Sylvaners tut ein übriges – alles ist heraus aus dem Trüben, ist sensibilisiert: Gehör, Geruch, Geschmack, man passiert Stationen einer Verwandlung trister Gegenwart in Neuland.
Ein Waldweg, bemoost, durch dichten Tann – ihn langsam, bewußt begehen, die Wahrnehmungszentren geschärft, Luft tief eingesogen, alles Dunkle abgestreift und es beginnt der Weg einer Rückkehr zu sich selbst.

Die Leere verdecken, Tücher darüber, die Raum vortäuschen. Substanz erneuern, Illusionen den Zutritt gestatten. Leere und Stille, die in den Ohren klopft, Taktgeräusche: Systole, Diastole, Botschaften aus dem endothymen Grund. Leere forttäuschen mit Worten, ein Wortgeflecht darüberlegen wie eine Decke Nesselgewand. Brücken bauen aus

Wörtern, Wortbänder, ineinander verflochten, verkeilt, verschraubt, ohne Deutungen. Nur das Ganze ergibt Sinn, Halt, Verfestigung, Struktur – eine kleine Brücke, die das Leben trägt.

Den Ideen hinterherjagen! Sie sind immer ein unerreichbares Wegestück voraus, halten nicht an, lassen sich nicht einfangen, kennen kein Verweilen, nicht wohltuende Rast im Schatten der Ebereschen – strahlen Kühle aus, bleiben auf Distanz. Wir begnügen uns mit Ahnungen, Resten, Teilstücken flüchtiger Worte, haschen nach einem Quentchen, halten es fest, versuchen, daraus Sinnvolles zu formen.

Schwierigkeiten beim Fixieren von Restbeständen, tief drinnen Gewißheit, daß alles Bemühen nicht ausreicht, nicht langt, also belanglos bleibt. Die Fixierungen führen zu nichts, weisen keine Geschlossenheit auf, keine Ganzheit, kein vollendetes Bild. Die Aneinanderreihung von Worten erschafft etwas, das aus Buchstabengewirr heraus lebt, Mitte hat, Spannung erzeugt.

Oft, fast immer: zuerst ist da das schreckliche leere Blatt, die Licht reflektierende weiße Fläche mit sofortiger Botschaft: aufhören! Hier geht nichts, kommt nichts, läuft nichts, alle Versuche, aus dem Tastendrücken einen Sinn zu erzeugen, sind zum Scheitern verurteilt.
Assoziationen zu «weiß»: die endlose Schneefläche bei Rasbegajewka, verdorrte Sonnenblumenfelder, kleine, sich wild bewegende schwarze Punkte in der unendlichen Gleichförmigkeit, unentwegt westwärts rennend, uns entgegen. Das Zielgerät auf Abpraller einstellen, da klemmt der waagrecht gleitende Flachkeilverschluß des Geschützes, der enge Eisenraum im Panzer voll gelblichem Qualm: Stoßgebete, Einschläge, Hektik – nur nicht mehr daran denken, auslöschen die Bilder aus Kälte, Schmutz, Ängsten...

Gefühl, völlige Leere, heute ein düsterer Tag von Anfang an. Wissen darum, daß einem die Decke auf den Kopf fallen wird. Erste Regungen, Gegenmaßnahmen treffen, Lust zum Fortfahren, zu einer Flucht keimt auf – verdammt sei die Entschlußlosigkeit. Also endlich: fort in die großen Wälder.

Die Kirschholzstanduhr aus Douarnenez geht fast eine ganze Stunde vor. Was bedeutet es? Ist es Verlust oder Zeitgewinn, die Illusion beim Stillstehen des Perpendikels? – Wohlgefühl: es wird mir eine kostbare Stunde geschenkt. Umso wertvoller erscheint dies, weil der Zugewinn nicht erwartet war. Ich muß sie nutzen, darf sie nicht wie so viele Zeitspannen vorher sinnlos verschleudern.
Eine Carpe-diem-Maschine wäre zu erfinden, die entgegen allen tellurischen Gesetzen und kosmischen Regularien die Zeit hortet, sie dehnt, sie umkehrt, sie zum Stehen brächte – aber: in welchen Augenblicken wohl?

Die Stille eines trüben Morgens mit einer Landschaft wie aus Watte ist gewollt, willkommen, wohltuend. Über den Nebelbänken ostwärts ragen die Kegel erloschener Vulkane, unter ihnen ahnt man den Strom, dort sind die Weingärten. Was ist die Zeit? Unüberwindbar, meine Uhren zeigen es an, unerforschlich, die tröstenden Worte von Augustinus über Vergangenheit und Zukunft beweisen es.

MÄRCHEN

Am Fluß
rauschten
die Silberweiden,
Geäst
tief im Gewässer.
Sie flüsterten Märchen,
Geschichten, Sagen,
fromme Legenden.
Wir schwiegen
und lauschten, dann
warfen wir Kiesel
über die Wellen...

HÜLSEN

Mit unseren Tagen,
Herbstzeit, Gespinst im Altweibersommer,
zerrinnt manches –
Vermutungen haben sich nicht bestätigt.
Das Mäntelchen der Unwissenheit:
ein Geschenk der Götter.
Auch die Sprache, all das
sinnlos Totgedroschene an Worten,
Sätzen, Liedern, Reim und Rätsel,
sogar Chiffren von Andeutung der großen Formel
von Beginn und Ende –
alles verloren!
Nichts finden wir mehr,
nur noch Hülsen
von Worten
unter den Rispen
der Gräser...

SÄBELCHEN

Aus Holz hatte ihm Vater
ein Säbelchen geschnitzt,
mit einer Spitze, glattgeschliffen,
so, wie Opa es Papa schon machte
und der Urahn dem Sohn.
Sie alle,
irgenwann später, tauschten
Holz gegen Stahl,
spitz, mit blitzender Schneide,
übten Stoß und Stich seitwärts
an Mehlsack-Attrappen. Aus Wunden
rieselte Sägemehl, Holzwolle
quoll aus den Rissen
und über den Hügeln Hurrageschrei,
heiser «Hurra» und das Keuchen
der Stürmenden
nördlich Rasbegajewka –
Einschläge links und rechts, Schwarzwolken,
Blitze, Gestank, Splitter,
Erde, Gestein und Gebälk,
dann: Sturz, fallen, liegen,
sich verkriechen im Erdreich,
und wieder Bersten
und Knall –
dann Dunkel
und Nacht...

TROMMEL

Melodisches Klicken der Karabinerhaken.
Das Kommando klingt:
Paukenschlag, Marschtritt,
links zwo drei vier,
da gibt Eisennnagel Pflasterschliff,
links zwo drei – Fanfarenklang,
Wimpelflattern, Tritt gefaßt.
In den Ohren Trommelschlag,
in den Beinen links zwo drei
und ein Lied in den Morgen:
da schlägt Gleichschritt
die Straße –
zack, zack, zack und links zwo drei,
weiter, immer nur weiter – ostwärts der Ritt!
Eiswüste, Wintersturm, Heulen
und Blitzschlag, Aufschrei und Sturz
und keine Fahne
flattert ihnen jetzt
noch voran...

AUF DEM TEPPICH

Gestern
spielten wir noch
mit kleinen Blechpanzern.
Ihre Ketten aus Gummi
rollten
über den Teppich
und
die Kanönchen
sprühten Funken
und Feuer.
Sogar Qualm
strömte
aus schmalen Ventilen.
Da fielen
die putzigen Zinnsoldaten
reihenweise immer
ins künstliche Gras.
Ach,
wie das
Spaß machte! Da schlugen
fürs Vaterland
höher die Herzen!
Nur acht Jahre später
hatte die Wirklichkeit
uns eingeholt, da
brannte bei Rasbegajewka
der Tiger, da spritzte
Feuer aus Luken, dann Schreie
und die schreckliche
Wolke – kein Teppich, nur dunkle Erde ...

EPISODEN AUS DEM KRIEG

Ist es die Zwangsläufigkeit einer uns unbekannten Mechanik, daß man sich jetzt, in Zeiten des Wohlstands, des Überflusses, großer Verwöhnung und Verweichlichung zurückerinnert an dunkle Zeiten der Not, Entbehrung und extremer Geschehnisse? Dabei sind es oft nicht die spektakulären Ereignisse, die wie vergilbte Bilder wieder auftauchen aus dem endothymen Grund und wieder lebendig werden. Vielmehr sind es oft Beiläufigkeiten, Erlebnisse am Rande, die eigentlich im Vergleich mit dem Unheilvollen, dem existentiell Bedrohlichen im Nachhinein wie Bagatellen wirken.

KASCHA

Nach einer Fahrt durch endlose Birkenwälder endlich Ankunft in einer kleinen Bahnstation bei Orel. Unsere Panzer wurden ausgeladen, nach zwölftägigem Transport.
Am Abend, in der Bereitstellung, erinnerten wir uns daran, daß irgendwo in dieser Weite Leo Tolstoj gelebt hatte, «Krieg und Frieden» schrieb. Und wir dachten an seine unvergeßliche Schilderung der Baschkiren und der nicht zu stillenden Gier des Fremden nach Besitz und Land in der Erzählung «Wieviel Erde braucht der Mensch?» Der Richtschütze erzählte der müden Besatzung das verhängnisvolle Geschehen. Es stand die Frage wie ein Menetekel in der beginnenden Dämmerung über der Trostlosigkeit der Steppe, ob wir diese Erde mit verschlammten Wegen und endlosen Sonnenblumenfeldern wirklich brauchten und ob die Schlacht, die am kommenden Morgen beginnen würde, alles rechtfertigte.
Unter dem Strohdach der Kate saß das alte Ehepaar. Die Matka brachte den Fremden eine Schüssel Kascha. Wir schenkten ihr ein Brot, archaische Gabe am Abend vor unserem Desaster.
Der Richtschütze übersetzte die Fragen der Alten: «Warum seid ihr unsere Feinde? Und warum holt ihr euch unsere Erde, wo ihr doch alles habt?» Wir schwiegen und gruben uns für die Nacht ein in diese fremde Erde. Auf ihren Feldern würden die Panzer brennen, eiserne Fackeln des Untergangs, und viele von uns würde diese Erde zurückbehalten in ihrer Ödnis und trostlosen Weite wie schon vor anderthalb Jahrhunderten die napoleonischen Regimenter bei Borodino und an der Beresina.

2007

GÖTTERDÄMMERUNG

Die Bücher lagen in unserem Panzer zwischen den Granaten. Bücherschicksal im Krieg, wertvolle Literatur in den Spalten der Munitionsvorräte.
Ich hatte Rilkes «Stundenbuch», den «Cornet», Nietsches «Zarathustra», «Wanderer zwischen beiden Welten» meines Idols Walter Flex, Geissler und Eugen Roth immer dabei.
«Wir sind wie die Burgunder auf der Fahrt zu Etzel, zum Heerlager der Hunnen», sagte Schorschi, Ladeschütze, während er die Granaten an der Seitenwand festzurrte. Er erzählte, sein Deutschlehrer habe oft mit hochrotem Kopf pathetisch verkündet: «Erhobenen Hauptes steuerte Hagen das Schiff donauabwärts, ohne Zögern hin zu den Barbaren, wissend, daß sie alle dem sicheren Untergang entgegenfuhren.»
Aus dem Seitenfach der Verpflegungskiste zog er ein zerlesenes Reclamheft, das Libretto einer seiner geliebten Wagneropern: Der Ring der Nibelungen. «Der Ring, der nie gelungen», lästerten wir dann stets und er wurde mit bajuwarischem Temperament jähzornig, warf das Buch fluchend nach uns, daß die Seiten flogen.
Schorschi war unverkennbar von einer Wagner-Obsession befallen. Bei allen Gelegenheiten zog er eines seiner Reclamheftchen aus einer alten Tasche und begann im Flüsterton zu lesen. Wie eingesponnen war er in seine Wagner-Welt, in sagenhaftes Geschehen – als ob das, was wir an der Ostfront erlebten, nicht dramatisch genug wäre ...
Am Abend vor dem Angriff spöttelte der Fahrer, Berliner mit losem Mundwerk: «Nimm dir diese Nacht noch die Götterdämmerung vor, dann weißt du, was uns morgen in der Steppe blüht!»
Beim Beginn der Großoffensive, der Kursker Schlacht, blieb unser «Ferdinand»-Panzer mit zerschossenen Ketten am anderen Tag in einem Sonnenblumenfeld liegen, die

ganze Besatzung rettete sich. Als letzter stieg Schorschi aus dem Eisenwrack, nicht ohne sich einen Stapel seiner Wagner-Hefte in die Taschen zu stopfen. Wagnermythen mit der Fülle der Gestalten: Helden, Verräter, Meuchelmörder, Rheintöchter, Nibelungenschatz, Gnome und Elfen. In den Taschen seiner verölten Uniform schleppte er alles mit, untrennbar verbunden: Heftchen, Mythologie, die Faszination des Kleingedruckten, das er wie die Bibel las.
Ich rettete meine literarischen Bestände im Brotbeutel und schleppte sie über ein Jahr mit bis in die Normandie, wo sie bei einem Angriff von Lightnings auf unseren Transportzug im «Panther-Panzerjäger» verbrannten.

2007

GÄSTE

Dicht neben einem strohgedeckten Holzhäuschen stand das eiserne Ungetüm in Bereitstellung bei Smijewka – kurz vor Beginn des Angriffs.
Die alte Bäuerin kannte keine Furcht vor den Fremden. Sie lud die sechs Soldaten der Besatzung in ihre Kate ein. Auf dem Brettertisch ein verbeulter Samowar – die Matka bereitete Tee für ihre stummen Besucher.
Der Ladeschütze übersetzte: «Nicht einmal ein Stückchen Zucker habe ich übrig, nicht einmal ein Stück Brot, doch ihr seid meine Gäste, trinkt meinen Tee!»
Er kletterte auf den Panzer, kam zurück in die Hütte, brachte Herrlichkeiten mit: Brot, Zucker, Konserven – unsere Gastgeschenke. Ein schweigsames Mahl. Matka hatte Tränen in den Augen, zeigte auf das Photo eines jungen Komsomolzen: ihr Einziger, ihr Söhnchen, seit einem Jahr vermißt. Sie sagte: «Ihr seid meine Gäste, seid nicht älter als mein Söhnchen – auch ihr habt eine Mutter im fernen Land!» Vor der Ikone flackerte ein Lämpchen. Die Frau bekreuzigte sich, drehte sich um und segnete die Fremden, die Eindringlinge, die Feinde. Der Ladeschütze übersetzte, was sie zum Abschied sagte: KEIN BROT, KEIN FRIEDE, KEIN MANN. JA, DER KRIEG, DER KRIEG IST FURCHTBAR FÜR UNS ALLE!
Als wir die Motoren anwarfen, erzitterte die fremde Erde, die Hütte. Später sagte der Ladeschütze, ein Bauer aus dem Dithmarschen, bedächtig zu uns: «Wenn wir wir wieder zuhause sind, lade ich euch alle ein auf meinen Hof. Mit Kutsche und Schimmelgespann hole ich euch ab und wir werden ein Schwein schlachten, essen, trinken, prassen, wie es in der Bibel steht ...»
Wir alle hofften, daß wir nocheinmal zurück in die Heimat kämen ...

KARTOFFELN

Vor Beginn der großen Panzerschlacht im Kursker Bogen, am Rande einer Kolchose: glühende Sommerhitze, Staub, Durst, steppenartig öde Landschaft.
Wir stehen mit unserem Koloß von Panzer, einem «Ferdinand», neben einer elenden Kate, sind hungrig. Unser Fahrer, stets munterer agiler Schwabe, geht mit Eimer und Spaten zu einem Acker, gräbt Kartoffeln aus, die er braten will. – Da rennt plötzlich aus der Kate ein altes Mütterchen heraus, baut sich furchtlos vor dem Soldaten auf und schimpft mit kreischender Stimme ununterbrochen, droht mit der Faust.
Wir verstehen sie nicht, begreifen nur, daß sie ihn einen Dieb schilt, ihm die Pest wünscht – ein Wutausbruch, eine Attacke, endloses Geschrei – alles nur wegen einer Handvoll Kartoffeln?
Welch ein Mut! – Der erschrockene Fahrer unterbricht sein hastiges Graben, rafft den Eimer voll, verschwindet hinter dem Panzer, überrascht von solchem Geschimpfe. Der Ladeschütze, ein Ostpreuße, übersetzt uns später die Worte der Matka: «Was wollt ihr hier in unserem Land? Wir haben euch nicht gerufen! Macht euch fort, geht zurück dahin, wo ihr herkommt!» Unsere Geschenke und Rubel nahm sie nicht an. Unverziehen ein paar fehlende Kartoffeln – auf einer Ackerfläche, die sich bis zum Horizont erstreckte – welche Groteske innerhalb der Apokalypse!
Die Schlacht begann und nahm ihren Lauf. Eine Woche später war die Landschaft, so weit das Auge reichte, umgepflügt vom Krieg. Kartoffelacker, Kate, Ziegenstall und Blumenbeet dem Erdboden gleich, zerfetzt, vernichtet wie alles im Umkreis von vielen Kilometern.

DER POKAL

Am letzten Abend vor dem Angriff: ein blutroter Sonnenuntergang über dem welligen Hügelgelände, über endlosen Sonnenblumenfeldern. Wie ein Fanal, ein Menetekel, ist dieses Leuchten. Wie etwas Letztmaliges, Unwiederholbares versinkt das Gestirn hinter der Kolchose, ein Zeichen, das nichts Gutes verheißt.

«Götterdämmerung», sagt Schorschi, der Wagnerianer. Die Besatzung des Ferdinand-Panzers sitzt um eine Holzkiste herum, als Leutnant F. ein Bündel auf die Kiste legt, umwickelt von einem geblümten Seidenschal. Ein Windhauch kommt über die Felder, freier erscheint die Luft, leichter zu atmen. Es ist, als ob plötzlich eine andere, fremde Zeit gekommen wäre, die alles Schwere, alle Beklemmungen, das Lastende hinwegfegt und uns atmosphärisch befreit.

Der Leutnant, Sproß einer vermögenden norddeutschen Kaufmannsfamilie, wickelt das Tuch auf und es erscheint eine längliche Schatulle aus rotem Maroquin-Leder, die Ecken abgegriffen. Mit fast pastoraler Geste öffnet er das Etui. Die Männer schauen und schweigen. Eingebettet in violetten Samtstoff liegt ein kostbarer venezianischer Pokal, Erbstück aus reichem Hause, eine Art Maskotte, Andenken, rituelles Gefäß.

Behutsam entkorkt der Leutnant eine Flasche alten Bordeaux, Abschiedsgeschenk des Vaters, gießt ein. Er reicht den Muranopokal dem Richtschützen, dann dem Fahrer, dem Funker, den Ladeschützen. «Wie ein Gral», sagt Schorschi, der Wagnerjünger. Zuletzt trinkt der Offizier. «Wir gehen entscheidenden Ereignissen entgegen», sagt er sehr leise.

Im Mondschein werden die Gesichter der Männer zu weißlichen Flecken in diffusem Licht. Der Leutnant säubert den Pokal, legt ihn vorsichtig in die Schatulle zurück, schließt sie sorgfältig, umwickelt sie mit dem Seidentuch.

Morgen, wenn der Koloß ostwärts rollt, wird das zerbrechliche Glas aus der fernen Lagunenstadt die Männer in die Schlacht begleiten, ein fragiles Maskottchen, das ihnen, so hoffen sie, Heimkehr verheißt!

2007

UNVERGESSLICH

Quälende Erinnerung an Troyes. Kaum war der Panzertransportzug im Bahnhof eingelaufen, da stießen die Thunderbolts aus dem Licht der niedrigstehenden Sonne kommend herab, warfen Bomben, schossen, stiegen steil hoch, flogen Kehre in engem Radius, kamen zurück mit heulenden Motoren.

Panik im Bahnhof, Durcheinander, Gerenne, Hinwerfen, Deckung suchen, Schreie der Getroffenen, zwei Panzer in Flammen. W. – noch keine Zwanzig – immer lustig, Spaßvogel der Besatzung, war getroffen: schwere Unterleibsverletzung, ein Fuß weg, kein Fortlaufen, keine Chance. – –

Wir besuchten W. in einer Lazarettbaracke. Heißer Tag, unbarmherzige Sonne, stechend. Dieselbe Sonne, aus deren unheilbringender Blendung die Jagdbomber kamen und unseren Panzer in Brand schossen. Gestern erst – dazwischen lag für W. eine Ewigkeit, Gesetze einer neuen Zeitrechnung, einer anderen schrecklichen Wirklichkeit. Vom Dach tropfte Teer, Hitze, Karbolgeruch, Gestank in der Baracke – unerträglich!

W. lag da mit gelben Gesichtszügen, ein Auge geschlossen. Mit dem anderen blickte er uns an: völlige Hilflosigkeit, Ahnungen, Wissen über die Zeitspanne, die ihm noch verblieb. Wir lächelten ihm ermutigend zu, fragten nach seinen Wünschen. Die Schwester schüttelte den Kopf, legte den Zeigefinger der linken Hand auf ihren Mund, schloß für einen Moment die Augen. Gesten der Verneinung, stumme Botschaft, wortloses Urteil.

W. hatte seine Endstation erreicht. Ein einziges Wort stöhnte er immer wieder: Wasser! Die Schwester schüttelte erneut den Kopf, lange, energisch, abweisend, als habe sie ein Paroxysmus befallen ... Wir nickten W. zu, gaben ihm die Hand, verließen den Raum. Unauffällig kehrte der Fahrer zurück, näherte sich dem Bett des Sterbenden, reichte ihm einen

Becher mit Wasser. Später erzählte der Fahrer, er habe W. schlucken hören und dazwischen immer nur das eine Wort: Wasser!

In der Nacht starb W. Sein Grab liegt auf einem Kriegerfriedhof bei Troyes, einem Ort mit gotischer Kathedrale, den damals niemand von uns kannte – ein Schicksalsort. Hier verbrannte der Panzer, hier fand W. den Tod. In seiner Hinterlassenschaft fanden wir eine kleine Mappe mit den Photographien von drei bildschönen Frauen. Jedes Bild trug eine Widmung, in der das Wort «unvergeßlich» stand.

2007

APFELBÄUME BEI CAMBRAI

«Es ist absurd!» sagte der Richtschütze. «Hier lag mein Vater 1918 in Stellung, als die ersten Tankangriffe der Alliierten begannen. Sie kamen mit riesigen Ungetümen, den MK V, die unsere Stellungen bei St. Quentin und Cambrai überrollten.»

1944 – 25 Jahre später, stand das Sturmgeschütz am Ortsausgang des kleinen Städtchens, um den Rückzug zu decken. Zwischen Straße und Häuserzeilen wuchsen Apfelbäume, die die Sicht beeinträchtigten. – «Absägen, Schußfeld freimachen!» lautete der Befehl. Als die Soldaten ans Werk gehen wollten, lief aus einem kleinen Haus am Ortsrand ein alter Mann wild gestikulierend auf den Panzer zu und schrie in abgehackten Worten immer wieder: «Arreter, arreter, finir – pas couper, pas couper!» Er rief gellend und mit einem solchen Ausdruck von Wut, Entsetzen und zugleich flehentlicher Bitte, daß der Leutnant – wie es Zufall und Schicksal wollten, Sohn eines Obstbauern aus den Vierlanden – plötzlich kommandierte: «Halt! Stehenlassen! Stellungswechsel auf die andere Seite!»

Der Bittsteller blieb wie angewurzelt stehen, sah dem Stellungswechsel zu, ballte die Faust. Ohne ein Wort der Anerkennung oder des Dankes für die Rettung seiner Obstbäume lief er zurück in sein Haus.

Wir deckten den Rückzug, sahen die Kolonnen zurückströmen, ostwärts: Trosse, Feldgeschütze, Lastwagen, Pferdefuhrwerke – ein endloser Strom ...

Ob die Apfelbäume den Krieg überstanden?

SESENHEIM

Im kalten Morgennebel 1944 im Elsaß, die Motoren unseres Panzers donnern. Eine schmale Straße, umsäumt von Obstbäumen. Wir wußten nicht, wohin wir gelangt waren. Zu beiden Seiten Maisfelder, üppige Pflanzen, mannshoch, aus sattem Grün schimmern gelbe Kolben. Lange kerzengerade Reihen, ein Dschungel, gute Deckung.
Dann vereinzelt Häuser, ein Ortsschild und der Fahrer sagt ins Mikrophon: «Wir sind in Sesenheim!» Sesenheim im zarten Nebel. Der belesene Richtschütze, Student der Germanistik, schüttelt verblüfft den Kopf. «Unglaublich, wir haben uns verfahren in dieser platten Ebene und kommen gerade durch diesen Ort!» Und in den Ohren klingt es: «Es schlug mein Herz, geschwind zu Pferde. Es war getan, fast eh gedacht...» Aus dem Dröhnen der Motoren vernehmen wir Hufschlag, ein Reiter jagt vor uns her, sein Mantel wehend im Dunst. Hastige Bewegungen, Zeichen von Ungeduld und wunderbarer Erwartung: Herzklopfen, in seinen Gedanken das liebliche Angesicht Friederikes. Vergessen Straßburg, die Kolleghefte, Zechgelage – nur ein Wort auf den Lippen: vorwärts, schnell, kostbar ist die Zeit, lauf, mein braves Pferd!
Wir brausen donnernd durch den verschlafenen Ort: Fachwerkhäuser, kleine steile Treppen, putzige Vordächer, darunter Maisbündel, gelbe Fülle. Vorgärten: Astern, Zinnien, Stockrosen – eine fremde Idylle, automatisches Registrieren im Vorbeifahren. Der Richtschütze flüstert in die Sprechfunkanlage, zitiert aus Goethes Gedicht:

Dich sah ich, und die milde Freude
Floß von dem süßen Blick auf mich.
Ganz war mein Herz an deiner Seite
Und jeder Atemzug für dich...

Ausgerechnet in Sesenheim!

Eine schwarze Katze läuft über den Weg. «Unglück, det jibt Unglück heute», sagt der Fahrer.
Goethe. «Willkommen und Abschied». Das Elsaß. Deutsch, französisch – ein alter Mann sagte uns: «Erst waren wir Franzosen, dann 1871 Deutsche, dann 1919 wieder Franzosen, dann 1940 wieder Deutsche: was werden wir morgen sein?»
Das Unglück kam tatsächlich. Im Gefecht fiel unser Geschütz durch einen Rohrklemmer aus. Wir mußten uns abschleppen lassen.

DAS LAGER

1995

GEDENKEN UND ERINNERN

Aus einer Ansprache zum Volkstrauertag auf dem Soldatenfriedhof Bad Bodendorf, 17. November 2002

Gedenken: Hier ruhen die Toten der amerikanischen «Rheinwiesen-Lager» in der Goldenen Meile, auch Lager Remagen oder Sinzig genannt. Wir wollen diese Soldaten in unser Gedächtnis zurückrufen, versuchen, ihnen ein Gesicht zu geben. Wir wollen nicht historisch analysieren, nicht anklagen, uns nicht verirren im Netz von Ideologien. Über dem Geschehen von damals im Hungerlager, über den Gräbern der Opfer ist Versöhnung angesagt und die unüberhörbare Mahnung: Vergeßt uns nicht!

Und so wollen wir ihnen näherkommen mit der Zeitzeugen-Erinnerung an das, was sie vor fast sechzig Jahren in der Schwemmlandebene hinter dem Stacheldraht erlebt, erduldet, erlitten haben. Der Tod derer, die hier ihrer Auferstehung entgegenharren, ist von Tragik und Sinnlosigkeit bestimmt, denn sie mußten zu einem Zeitpunkt sterben, da der mörderische Moloch Krieg bereits beendet war.

Hunderttausende waren unter freiem Himmel auf nacktem Erdboden eingesperrt. Auch ich.

Es ließ sich im Laufe der Monate registrieren, wie sich der Mensch, gepeinigt von Hunger, Durst, Nässe, Kälte – ohne jegliche Geborgenheit – allmählich zu verändern begann. Ohne Bewegungsfreiheit wuchsen Mißmut, Beklemmungen und Ängste ins Pathologische. Ständige Gereiztheit in erzwungener Monotonie des Sitzens, Kauerns, Liegens, langsames Erlöschen der Aktivität, der Hoffnungen und Illusionen.

Man muß sich vorstellen: die körperlichen Funktionen sind auf ein Mindestmaß reduziert, der Zustand der Entkräftung und Erschöpfung nimmt von Tag zu Tag zu. Schwer und dumpf ist der Schlaf der Gefangenen, erfüllt von wirren Traumgestalten. Zuweilen aber Tröstungen: Träume, Bilder und Wege, die hinausführen aus den Zwängen des Elends, die hinübergeleiten in die Freiheit, in eine ersehnte, bessere, humanere Welt.

Tragisch ist unter allen erlittenen Verlusten das Verlieren einer Sinnmitte für Mensehen in einer Stunde, in der sie zur Erkenntnis gelangen, daß letztlich alles Erlebte und Erlittene in Jahren des Krieges ein Irrweg – also sinnlos gewesen sei. Mit solch schmerzenden Gedanken, Zweifeln und Skrupeln hatten viele nun Weg und Ziel verloren und das an einer Zeitwende, wo sie auf einem kaum vorstellbaren Existenzminimum, einem Endzeitpunkt angekommen waren. In einer Ödnis aus Schlamm, Regen, Kälte, schutzlos preisgegeben, ohne irgendeine Form von Zuwendung und Wärme, ein Bild des Elends. Ohne jegliche seelische Zuflucht.

Da war der verlorene Krieg mit noch unabsehbaren Folgen, ein jahrelanges Heimweh nach Familie und Zuhause, da waren die zerbombten Städte, vernichtete Existenzen, Verlust von Haus und lieben Angehörigen. Für viele war die Heimat im Osten verloren, Millionen auf schrecklicher Flucht in eisiger Kälte, voller Ängste vor einer ungewissen Zukunft.

Viele Gefangene empfanden eine tiefe Demütigung, dazu kam die quälende Erkenntnis jahrelanger Irrtümer, der verlogenen Parolen, würgende Gefühle zwischen Erleichterung und tiefer Enttäuschung.

Ich lese nun einige Prosaskizzen, Erinnerungsbilder aus dem großen Hungerlager. Es ist die Wiedergabe von Fakten, der Wirklichkeit hinter dem Stacheldraht ...

LEHM

18 PROSASKIZZEN

«Bisweilen beschleicht uns eine Art Schlummer, der der Seele, während er den Körper gefangenhält, die Empfindung für die Außenwelt nimmt und sie frei umherschweifen läßt. Sofern eine unüberwindliche Schwere, ein Erschlaffen der Kräfte und eine gänzliche Unfähigkeit, unsere Gedanken oder Bewegungen zu beherrschen, Schlaf genannt werden kann, ist dieser Zustand Schlaf. Doch wir nehmen alles auf, was um uns vorgeht. Selbst wenn wir zu dieser Zeit träumen, schmiegen sich Worte, die wirklich gesprochen werden, oder Töne, die im Augenblick tatsächlich erklingen, überraschend fügsam unseren Gesichten ein, bis Wirklichkeit und Traumleben in der Erinnerung so seltsam verschmelzen, daß es nachher fast unmöglich wird, beides wieder zu trennen.» Charles Dickens

ABTRANSPORT, 1995

DIE GROSSEN FEUER

Vor den riesigen Eingangstoren des Massenlagers brennen die Feuer der Barbaren. Die Zäune hochaufragend, stacheldrahtumwickelt, Unheil verheißend: Käfige.
Die amorphe Masse der Gefangenen steht vor dem halbgeöffneten Tor im Nieselregen, in schweren Mänteln, mit Elendsbündeln aus Zeltplanen, Decken, in denen die Schätze der Geschlagenen liegen. Kleine Garantien für ein Überleben: Büchsen, Schachteln, Dosen, Tabak, Becher, Kochgeschirre, Konserven, die Restbestände einer Armee, die geschlagen ist, die den Krieg verloren hat.
Die Rituale der Demütigung vollziehen sich am Feuer, den lodernden Flammen. Schweigend beginnt der Akt des Verzichts, der Entleerung. Vortreten, Geschrei der Wächter, Tempo, alles in Eile, Umstülpen der Behälter, alles fällt, stürzt, rollt zu Boden, alles wird ins Feuer geworfen: Konserven, Sardinenbüchsen, Ersatzwurst, Ersatzkäse, Reis, Schokolade, die kostbaren Zigaretten, Würstchendosen, Kostbarkeiten, nicht mit Geld zu bezahlen. Geld? Hier ist alles Geld nichts mehr wert, nur Papier, aus dem man später Zigaretten drehen wird.
Dann: herunter die Mäntel, fort ins Feuer mit Zeltplanen, Decken, Wäsche, eine Trennung vom Fundamentalen, ach, so unersetzlich für die Zukunft im Schlamm, in Erdlöchern, im Dauerregen der Goldenen Meile. Bereitwillige Sklavenseelen, Lumpen, Schweinehunde – es sind Deutsche! – verrichten übereifrig ihre Hilfsarbeit, werfen alles in die Flammen, fort damit, in die Waberlohe. Das ist sie: unsere Götterdämmerung gegen Abend am Rheinstrom, dem Sagenstrom Wagners und der Deutschen. Mit dumpfem Knall explodieren die kostbaren Konservendosen, zornig, voller Abscheu betrachten die Gefangenen das Schauspiel.
Über dem Camp steht eine schwärzliche Rauchwolke, Schwaden und Gestank hüllen die Masse der Wartenden ein. Ein Windstoß erfaßt die Qualmwolke, wirbelt sie weiter ins

Rheintal. Einer sagt: «Welch ein Menetekel» und zitiert aus Dantes Göttlicher Komödie: «Ihr, die ihr hier eintretet – lasset alle Hoffnung fahren.» Eine Prophezeiung, die sich erfüllte. Wir vernehmen aus fernen Jugendtagen im Geiste die heisere Stimme des alten Lateinlehrers: VAE VICTIS! – WEHE DEN BESIEGTEN!

HUNGER

Schwer zu beschreiben sind sie, die Qualen des Hungers, sie begannen nach wenigen Tagen. Man erlebte ein stumpfes Entgegenharren den Tag lang bis zur ersehnten Abendstunde, in der die Verteilung stattfand. Eine dünne Scheibe gebleichtes Weißbrot, drei Kekse, winzige Döschen mit etwas *Milkpowder* und Kaffeemehl, ein Löffelchen Tomatenmark, vom Schamanen – so hieß der Verteiler – direkt in den Mund geschoben.

Beim Ritual des Brotverteilens die Frage: Wer hat heute Anrecht auf die Krümel? Erinnerungen an die Bibel: Unter dem Tisch saß der arme Lazarus, der die herabgefallenen Krumen aufsammelte und aß.

Hunger hat zu tun mit Leere, mit Zwangsverzicht auf Füllung des Magens, auf seine ganz normale Funktion, mit Erlöschen der Peristaltik, mit Verengung des Denkens: alles ist nur noch eingestellt auf diesen einen, elementaren Gedanken: SÄTTIGUNG, ESSEN, den Hunger stillen …

Es bildeten sich eigenartige Eßgewohnheiten. Manche zögerten den Akt des Verzehrens dieser winzigen Menge Nahrung heraus, formten aus der Weißbrotscheibe Kügelchen, kauten lange. Als im Lager noch Gräser und Kräuter zu sehen waren, verlängerten viele den schmählichen Eßvorgang mit Taubnesselblättern, Löwenzahn und Spitzwegerich.

Stundenlange Gespräche drehten sich nur ums Essen, hundert Rezepte wurden besprochen, Erinnerungen wachgerufen an große Festessen im Familienkreis. Hier wurde offenbar: Heilig ist das Brot!

WARTEN, 1995

REGEN, NÄSSE, KÄLTE

Noch nie war das Gefühl eines völligen Ausgeliefertseins stärker als in den Tagen und Wochen des ständigen Regens. Die Erde verlor ihre einst grüne Decke, sie verwandelte sich in eine zähe Schlammschicht. Wir Gefangenen wurden naß von Kopf bis Fuß, naß bis auf die Haut, schutzlos ausgeliefert den Unbilden der Witterung. Keine Möglichkeit, die Kleider zu trocknen, sich irgendwo aufzuwärmen. Schlimm waren die endlos langen Nächte in Kälte und Nässe, sie dehnten sich Stunde um Stunde quälend, wollten kein Ende nehmen. Viele von uns gingen im Geviert des Drahtkäfigs auf und ab, um die Nacht zu überstehen – ein Blick hinauf zu den Sternen, die eisig funkelten, den anderen zu Boden, um nicht auf die im Schlamm Schlafenden zu treten...

ERDGRUBEN

Auf blanker, nasser Erde liegend, ohne ein Dach über dem Kopf – da gab es nur noch eine Lösung, das Elend etwas zu mildern: sich eingraben in die Erde! Die Mutter Erde wurde zum Zufluchtsort, umhüllte die Hungernden und Frierenden.

Mit bloßen Händen und primitiven Hilfsmitteln wie leeren Blechdosen gruben wir uns hinein ins Erdreich, bauten eine Grube, einen Schacht, in dem gerade vier Gefangene dicht nebeneinander hockend Platz fanden, sich gegenseitig etwas Wärme spendend. «Rückkehr ins Neolithikum, in die Steinzeit», so sagte einer mit bitterer Ironie.

Das Graben auf dem Gelände ging weiter, hin und wieder gab der Lehm Geheimnisse preis beim tieferen Schaben und Wühlen. Wir stießen auf die Reste eines alten Schuttplatzes, fanden Stoffetzen, Speichen eines Rades, einen zerbeulten Topf, Kettenglieder und ein in Gummituch eingewickeltes Blätterkonvolut. Behutsam lösten wir die feuchten Seiten voneinander, entzifferten die schwer lesbare Schrift. Es war das Tagebuch des Leutnants Franz Erhard Horschfeld, ge-

fallen 1939 vor der Festung Modlin. Es wurde unsere Lektüre die kommenden langen Tage.
Wir fanden auch Reste von Tongefäßen aus der Römerzeit, Scherben mit Stempeln, Bruchstücke kleiner Figuren aus rotem Ton, Schutzgötter der antiken Legionäre... Gaben aus der Tiefe der Erdschichten, einstige Besitztümer längst verschollener Wegwerfer, die uns zu glücklichen Findern machten.
Beim stundenlangen Graben ein kostbarer Fund: eine alte Eisenbahnschwelle und verrostete spitze Schwellennägel. Damit klopften wir Blechstreifen zu Messerchen und Sägeblättchen, schabten aus dem eisenharten Schwellenholz kleine Splitter, entzündeten – als endlich wie zur Erlösung einmal die Sonne schien – mit einem geretteten Brennglas ein kleines Feuer. Das flackerte ärmlich in der Höhle, wurde sorgsam bewacht, genährt, gab in den Nächten etwas Licht, kaum Wärme. – Aber: es war ein Feuer, uralte Zuflucht für uns Obdachlose!
Dann ein feierlicher Augenblick, unvergeßliches Ritual: In einer Büchse Wasser erwärmen, darin Brotkrümel, etwas *Milkpowder*, Blättchen von Löwenzahn und Wegerich, Gras – und vier Hungernde teilten sich den lauwarmen Inhalt der Elendssuppe, damals ein Geschenk des Himmels.
Nach längerem Regen geschah es, daß manche Gruben nachts einstürzten und den Schläfer verschütteten. Die klebrige Erde forderte ihren Tribut!
Hungernd, frierend, durchnäßt lasen wir im Tagebuch des vor sechs Jahren beim Polen-Feldzug gefallenen Leutnants:
Unser Traum hat sich erfüllt! Wir stürmen, brechen Widerstände, zerschlagen, jagen den Feind. Aufrecht marschieren wir ostwärts, erobern neues Land. Volk ohne Raum! Im Staub der Vormarschstraßen singen wir unsere Lieder – nichts hält uns auf!
Wir brechen alle Brücken hinter uns ab, fegen das Alte, das Morsche, das Gestrige hinweg, blicken nicht zurück, sondern

treten nieder, was sich uns entgegenstellt. Wir setzen die neuen Normen. Über Flüsse, Ebenen, Gebirge der Fahne nach – nichts hält uns auf! Wir zertrümmern und wir erneuern. Marschieren mutig der Unsterblichkeit entgegen.
Ein Kamerad sagte: Das war auch einer von denen! Der hat dran geglaubt ...

1995

DURST

Änderungen bahnen sich an: der Dauerregen hat aufgehört. Nach wochenlangem Regen und Kälte scheint plötzlich die Sonne. Es ist, als ob ihre Strahlen, ihre Wärme uns aus den Lehmlöchern zu neuem Leben erwecken.

Man schöpft nach depressiven Regenwochen wieder neue Hoffnung, kann endlich die nassen Kleider, die feuchten Schuhe trocknen. Im Lager herrscht ameisenhaftes Gewimmel, ungewohnte Betriebsamkeit. Endlich Sonne, wenn sie doch nur bliebe.

Und tatsächlich: die Sonne scheint weiter, Tag um Tag, eine Woche hindurch. Eine stechende, durchdringende Hitze trocknet den Schlamm auf den Wegen, läßt das Wasser in den Erdlöchern verdunsten. «Mißtraut den Geschenken der Götter», sagt einer von uns, der Philosoph, und wird als Ketzer, als Miesmacher verlacht.

Doch: er behält recht. Vor der feuerheißen Sonnenglut gibt es kein Entrinnen. Nirgendwo finden wir Schatten in Lichtströmen, ausgegossen über die Lehmwüste. Rinnsale, Pfützen, Tümpel sind getrocknet, harte Lehmkrusten überziehen das Feld. Glatte Flächen zerspringen, bilden bizarre Muster, abstrakte Zeichen und Lineaturen.

Über dem Flußtal steht die Hitze, flirrend, schwer wie eine Wolke aus fremder Materie, sengend. Es gibt keinen Schattenplatz, keinen Ausweg, keine Zuflucht außer unseren Höhlen. Wir sind der unerträglichen Glut hilflos ausgesetzt, wie vorher dem Regen. Und eine neue Qual beginnt, fast noch schlimmer als der nagende Hunger: Durst.

Im Zentralgeviert sind große Zisternen aus gummiertem Stoff errichtet. Sie werden mit Rheinwasser gefüllt, das stark mit Chlor versetzt ist. Es schmeckt scheußlich.

Endlos die Schlange der Wasserträger zwischen den Camps und den Zisternen. Wir haben einen alten Blechkanister, sind immer zu zweit, lösen uns in der Warteschlange ab. Einmal dauert es vom frühen Morgen bis in die Nacht, bis wir an die Reihe kommen. Hunderttausende wollen hier trinken …

Die Sonne dörrt alles aus, auch uns selbst. Glücklich die, die sich über ihr Erdloch Reste von Papiersäcken oder Verpackungsschachteln legen können. Jedoch: die Besitzer solcher Pappendeckelschätze müssen Wachen einteilen, sonst werden sie nachts bestohlen.

Die kleine Gruppe der Höhlenbewohner bildet eine verschworene Gemeinschaft, es formt sich ein kollektiver Wille, die Misere zu überwinden, die Höhle abzuschirmen nach außen. «Zwanzigtausend Jahre», sagt der Philosoph, «sind wir zurückgeworfen ins Paläolithikum, sind wieder Cromagnon – nur fehlt uns die Erfüllung des Urinstinkts, die Jagd in Wäldern und Steppe, und: die Freiheit.»

Jenseits der Drahtverhaue vernehmen wir das Rauschen des Stromes, unsere Kehlen trocken, die Lippen aufgesprungen; wir hören die Geräusche der Wasserfülle, von der uns die Zäune trennen. Wasser in unvorstellbarer Menge, in unablässiger Bewegung, nach Norden strömend – doch wir leben am Rande des Verdurstens. Der riesige Lehmsumpf hat sich langsam zu einem verdorrten Land gewandelt, wird nun zu einer Wüste, in der es nicht die Rettung einer Oase gibt …

KNOLLENGRUBE

Am Ende des Stacheldrahtgevierts entdeckten die Gefangenen eine alte Knollengrube, für die Halbverhungerten eine wahre Goldader. Sie schnitten dieses Viehfutter – jetzt köstlicher Besitz – in Scheiben, streuten vom unnützen *Coffeepowder* darauf, aßen mit Gier. Dazu tranken sie das schreckliche verchlorte Wasser, das mit Dieseltankwagen aus dem Rhein geholt worden war.

Nach erster Sättigung zeigten sich bald verheerende Folgen: viele Gefangene litten an der Ruhr. In ihrer Verzweiflung versuchten die Schwerkranken sich zu helfen. Sie kauten Kohlenreste von Schwellenfeuerchen als Gegenmittel …

Die Toten legte man in Dreierreihen auf Stroh, um ihre Münder hatten sie die schwarzen Ränder aus Kohle – aber sie brachte ihnen keine Hilfe, keine Rettung mehr. Manche lagen da mit offenem Mund, so, als hätten sie im Augenblick des Fortgehens, des Abschieds noch etwas sagen wollen – doch niemand hörte es ...

Ein Urphänomen tritt auf bei Menschen, die eingeschlossen, von Stacheldraht umgeben sind: es ist der Fluchtinstinkt, der Trieb, sich aus der Umklammerung, dem Käfig zu befreien. In langen Nachtgesprächen, zitternd in Kälte und Nässe, wurden viele Möglichkeiten einer Flucht erörtert, unausbleibliche Risiken abgewogen. Allein diese Gespräche über eine Flucht aus dem Hungerlager brachten etwas wie Ahnungen von Befreiung, erzeugten gleichermaßen innere Unruhe und Trost. Erst die Erkenntnis, das Bewußtsein, daß die Situation kaum Möglichkeiten offenließ, führten bei manchen Männern, meist älteren, die an der Krankheit Heimweh schon sechs Kriegsjahre hindurch litten, zu einem abgestumpften, desolaten Zustand. Wenn der Stern der Hoffnung, eingebettet in wohltuende Illusionen, einmal erloschen war, dann blieb eine schlimme Dunkelheit in der menschlichen Seele, eine Leere, die durch Zuwendung und Zuspruch der Kameraden kaum überwunden wurde. Flucht, ersehnter Weg aus dem Desaster: Tausende träumten davon, machten Pläne.

Dann Schweigen und eine lähmende Stille unter dem eisigen Funkeln ferner Galaxien.

LIEDER UND TROST

Ermutigend, ergreifend und unvergeßlich: die Zuwendung und Hilfsversuche der heimischen Bevölkerung auf beiden Seiten des Stromes. Immer wieder brachten Frauen, Kinder und ältere Menschen, die selber nach sechs Kriegsjahren nur ein Minimum zum Leben hatten, Essen an den Stacheldraht: Kartoffeln, Gemüse, Äpfel, Brot, Gartenfrüchte, Töpfe mit

Suppe. Oft genug wurden sie von den Bewachern rüde abgewiesen mit ihren Gaben, oft genug kamen sie vergebens an den Stacheldraht. Mußten mitansehen, wie ihr Kessel mit Kartoffelsuppe von Fußtritten umgestoßen wurde und die kostbare Speise im Gras versickerte. Aber sie blieben lange vor der Drahtgrenze stehen, riefen den Eingeschlossenen Trostworte zu, gaben Ermunterungen.
Manchmal winkten sie von den Bergen auf der anderen Rheinseite, sangen Lieder, deren vertraute Klänge für die Gefangenen tröstend waren. Dann verstummte der Lärm, wie gebannt schauten Tausende zu den Felsen der Erpeler Ley hoch, blieben lange stumm, in sich gekehrt und sie verstanden die Botschaft der Menschen: wir denken an euch, wir vergessen euch nicht. Bis heute – 60 Jahre danach – haben die Überlebenden dies nicht vergessen, sie schulden den guten, mitleidigen Menschen tiefen Dank!

CHIMÄRE

Die Träume der Gefangenen geschehen nicht im grellen Licht der Scheinwerfer, verkriechen sich vor schmerzender Reflexion der Cumuluswolken, meiden Strahlungen. Aus Dunkelheit steigen sie auf aus Bereichen blauvioletter fremder Landschaften, gedämpft. Die Träumenden sind gezeichnet von Schwäche, von Hunger und Durst, ausgetrocknet ihre Münder, verdorrt Zunge und Kehlen.
Gegen Abend erscheinen Vögel, große, dunkelflüglige, echsenähnliche Kreaturen wie Archeopterix. Flatternd, zu dunklen Klumpen geballt, hocken sie auf den Enden der Pfähle, ihr grauer Kot besudelt das Stacheldrahtgewirre.
Unter ihnen aufgerissene Erde, zerwühlt, Schlamm ohne Grün. Es regnet ununterbrochen, Wasserströme, eine zusätzliche Strafe für die Gefangenen und für ihre Bewacher, Ströme einer neuen Sintflut ohne die rettenden Planken einer Arche.
Flucht ist nicht möglich. Wasser sammelt sich in Vertiefun-

gen, steigt unaufhaltsam höher. Rinnsale bilden sich, finden – Geschlängel aus Schlammbrühe – den Weg zielsicher zu den Rändern der Erdhöhlen, schwappen über und rinnen – Octopusarme, Tentakel aus Schlamm – hinab in die Tiefe. Sie durchnässen die Schläfer, durchdringen Schuhwerk und Kleidung, durchweichen die Hüllen doppeltgefalteter Zukkersäcke, kleben saugfüßig auf Antlitz und Händen, wecken endlich die Schlafenden.

Entscheidungen fallen schwer: draußen Regenschauer, schlammige Wege, Pfützen, Rinnsale und ein kalter Wind, der über das Flußtal weht. In der Höhle steht Wasser, der Boden schlammig, das kleine Feuer erloschen, Kälte im Gebein – aber über dem Kopf ein Schutz, die Seiten einer aufgeweichten großen Pappschachtel, sie hält den Regen ab, ermöglicht die Illusion, wenigstens ein Dach über sich zu wissen.

Doch: auch Hoffnung gibt das Wasser – wir werden uns morgen nach Tagen wieder waschen können, Reinigungsrituale vollziehen, beim Ende der Sintflut Kleider und Schuhe trocknen. In das Geplätscher des Regens über uns spricht der Schamane: Bald, morgen wird sie, die Sonne, über den Basaltklippen im Osten aufgehen, ein strahlendes Zeichen der Rettung.

BROT

Der Brotverteiler, Mann mit der ruhigen Hand, Pykniker, erfüllt vom Gefühl der Unantastbarkeit seines Tuns, Vollstrecker eines sakrosankten Rituals mit spitzer, geschärfter Klinge, gewetzt an diluvialem Gestein, gefunden im Löß.

Um ihn herum im Kreis die Hungernden mit leerem Magen, erschlafftem Gedärm, neun Augenpaare starr gerichtet auf das kleine Weißbrot, weich, gebleicht, Alabamamehl, ohne Fülle, pappig, ohne Substanz, aller Ingredienzien entleert – aber Nahrung, eine einzige, dünne, weiche Scheibe, einen endlosen Hungertag lang erwartet, Zentrum der Gedanken,

Wunschbild, Erfüllung – und doch nur ein Scheibchen. Später sorgsam bestreut mit *Milkpowder* und fünf Rosinen – immerhin Illusion von Nahrung, Mittel zum langen Kauen, sofort mit quälender Gier verschlungen oder aufbewahrt, betrachtet, verinnerlichtes Abbild stundenlanger Erwartung, behütet, fortgetragen in die Erdhöhle und schließlich in Zeitlupentempo verzehrt.

Neun Augenpaare, neun Kontrolleure, neun halb Verhungerte – alle fixiert auf den ersehnten Augenblick, wo der Verteiler erneut das Messer schärft, wo er ansetzt zum Schnitt, wo die erste Scheibe fällt und gereicht wird. Zehn Scheiben, gleiches Tempo, gleicher Schnitt, gleiche Abmessungen: Gleiches für alle.

Die Krümel, spärliche Reste, stehen ihm zu, dem Verteiler, dem Mann mit dem sicheren Schnitt in Zentimetergenauigkeit. Abwägen, Schneiden, Verteilen, alles spielt sich im Schweigen der Männer ab, ungeschriebenes Gesetz: Schweigen. Wortlos die Elendsgabe empfangen, Essen wird zu sakrosankter Handlung, bewacht vom Verteiler, dem Schamanen des Höhlenclans. Hilflose Jäger, jämmerliche Beute, eingesperrte Nachfahren der Horden, die vor zehntausend Jahren bei Soloutré die Pferde über die Felsklippen jagten …

Die Gruppe löst sich auf, die Männer gehen langsam ums Karree, andere hocken sich in die nasse Höhle, ins offene Lehmloch, dem feinen Regen preisgegeben, ohne Dach, ohne Schutz, ohne Zuflucht, ohne Wärme.

RÜCKFÄLLE

Verwandlungen, Atavismen, Zeitraffer von zweihunderttausend Jahren, Steppe, aufrechter Gang, homo erectus, mühsam andressiert, Mutationen. Wir kauern nachts im Lehmloch, im Uterus der Erdmutter, der Höhle. Müde hokken wir um unser armseliges Qualmfeuerchen aus Spänen teerdurchtränkter Schwelle, Späne, mit Blechstreifen aus Tomatenmarkbüchsen mühselig geschrappt.

Ein neues Zeitalter hat begonnen, Endzeit im Diluvium: eine Periode der Blechgeräte: Schaber, Stechstreifen, Löffelchen, Schalen, eine Büchse als Topf, Bleiglanz im Höhlenlicht, Blechdosenära. Konservendosen, gepreßt in Gincinatti, in Californien gefüllt, gestapelt in Libertyschiffen, hierher nach Germany übers Meer, gierig geleert und nun von unseren Händen verformt zu Geräten einer neuen Erdzeit, einer Epoche in der Schlammwüstenei klebriger Lehmerde.
Düstere Epoche, mit einem einzigen Trieb, der alles übrige löscht, alles Streben nach höheren Ebenen der humanen Existenz, nach Kunst, Literatur, Klängen der großen Meister. Nur noch die Gedanken an Eßbares, an Brot, Kartoffeln, Fett, Geselchtes, Gesalztes und Gezuckertes. Rückfälle ins Gravettien: Jagd, Beute, Feuer, Kauen, Geschmatze, Knurren. Haßblick des uralten Steppentieres, aber in den lichten Augenblicken Hoffnungen, leuchtend, Warten auf wunderbare Ereignisse, Harren auf die Hilfe des Herrn, Gläubigkeit des hungernden Volkes in der Wüste, Jubel über Manna und Wachteln, Tanz um das Wasser, vom Propheten aus der Felswand geschlagen und endlich, endlich die Heimkehr ins gelobte Land der Väter... Und es geschieht, daß R., Katholik, Winzer von der Obermosel, ein Gebet spricht, mitten in der Nacht. Es geschieht unerwartet, verschlägt den anderen die Sprache, stumm hören sie zu. Die ewigen Spötter schweigen, in ihnen regt sich Unbekanntes, eine Woge fremder Gefühle, die sie ergreift. Das Flüstergebet des Weinmachers aber wandelt sich zur Klage und er spricht: «Warum, Herr, hast du uns verlassen in dieser Öde des Jammertales, hast deinen Blick abgewendet von deinen Knechten? Herr, aus der Tiefe rufe ich zu dir, erhöre mein Gebet. In Gnade möge neigen sich dein Ohr der Stimme meines Flehens.»
R. schweigt, er hat den Text des Psalms vergessen. Das Teerholzfeuer knistert, die Männer sind in ihre Nachtgedanken versunken, starren in die bläulichen Flämmchen, finden endlich Schlaf in der Hockstellung der Cromagnon-Ahnen...

LEHM-IDOLE

In die Westwand des Erdlochs gräbt B. kleine Cavernen, Miniaturhöhlen verschiedener Größe und Formen, mit Gewölben und Spitzbögen, stützt sie mit Hölzern ab, formt Streben, glättet die Wände, verrührt Lehm mit Pfützenwasser, verstärkt die Vertiefungen. Geduldig formt er aus Lößerde, vermischt mit Speichel, seltsame kleine Gebilde, irdene Nahrung: Brote, Würste, Schinken, Kartoffeln, Käsestücke, Obst und Gebäck, läßt das Sammelsurium seiner Wunschträume trocknen. Sorgsam schichtet er die Lehmgebilde in den Hohlräumen aufeinander, gelbbraune Vorräte fiktiver Speisen, eine magische Figuration, Beschwörung, Jagdzauber des späten Magdalénien.

Wir lassen ihn gewähren, spüren, daß ein jeder sich auf seine Art über die Zeit retten muß, die Zeit nagenden Hungers, klammer Kälte, des trockenen Mundes, des Frierens und der Schlaflosigkeit. Sich retten über diese Durststrecke, über Schmutz, Gestank, endlose Nächte, über heulendes Elend.

IM KÄFIG

Im Lehmloch, da lernten wir knieen, graben, schürfen, kratzen und wühlen mit Versatzstücken aus Blech, blankgeschabt, steingeschärft, kantig, Sonne im Auge, Regen im Rücken. Am Horizont Wachttürme, Stacheldraht um Käfige, Elendsareale, Schlammgründe, verdorrtes Weideland in der Grenzlandschaft unserer Träume vom Freisein.

Alles bald restlos verschwunden, ausgeträumt, bitterer Hungerspeichel, Durstzunge, wie Holzstückchen, starr im Kalkgehege der Zähne, Werkzeuge ohne Funktion! Wir sind wie fortgeworfen, haben ausgedient, sind abgezählt und eingeordnet in Quadrate aus Pfählen und Stacheldraht im Verlust der Zeit, in den Löchern der Schwemmerde. Kieselsteinchen, Topfscherben, Löß, Faulholz, Knollenstücke und beim emsigen Schürfen die Frage: In welche Richtung bewegt sie sich, unsere Zeit, in lähmender Langsamkeit?

Niemand wußte es. Die Lehmregion der Höhlen, Erdlöcher, Gräben und ihre Bewohner, die Atmenden und die nächtlichen Schatten verharrten bereits in einer neuen Dimension. Ein Prozeß der Entfleischlichung, des Entbeinens, der Entmaterialisierung – alles verschob sich in Kategorien imaginär eingeordneter Bilder. Die Höhlen wurden zu Eingängen, zu Pforten in eine Zwischenwelt, bewacht von den Ton-Idolen des Brotverteilers. Lippen, Zunge und Zähne klammerten sich an den Blechlöffel mit Tomatenmark. Dazu die gestohlene Knollenscheibe, beginnende Fäulnis, durchscheinend wie Milchglas, dünn, glitschige Substanz, bestreut mit Kaffepulver.

Hunger und Durst als Instrumente einer unaufhörlich fortschreitenden Spiritualisierung, Übergang in eine neue, andere Instanz des Fühlens bei allmählich schwindender Körperlichkeit, Entschlüpfen in neue Formen, Wechsel der Denkkategorien in Kälteschauern.

Grelle der kreisenden Suchscheinwerfer im Dauerregen, Ängste im Bauch, in den Kaldaunen Krämpfe, Kontraktionen, Leere im Magensack und Trockenheit in der Kehle.

Neues Sensorium, veränderte Fühlbarkeit – der Hungerkörper Teil der Lehmschicht, schwindend, Entkopplung von Eingelerntem, von Normen. Fusion mit unbekanntem, neuen Objekt, Zweifel am eigenen Funktionieren, abgetrennt vom Gewohnten.

Nächtlich verschwommene Vorstellungen, Vision der großen Maschine, Bedrohungen, verwirrende Rastlosigkeit, riesiges Räderwerk, das uns alle verschlingen wird.

Träume und Phantasien im Dämmerlicht: nachts knieten Schattengestalten vor den Lehm-Idolen, neigten die Häupter im Zustand der Entrückung, murmelten Beschwörungen, vollzogen eine geheimnisvolle Macumba wie in Trance, bereits jenseits der Kategorien von Vernunft, Klarheit, Ordnung, Logik. Schon weilten sie in Zwischenbereichen: Opfer, Eros, Thanatos, düstere Ahnungen am Rande der Latrinengräben, Blut und Schleim aus den Kaldaunen, Gestöhn hoch zu eisigen Gestirnen, Orion, Betageuze, Aldebaran, alles kreisend, flimmernd im Unendlichen Partikel einer unfaßbaren Mechanik, schließlich Tränen in der Parusie trostloser Nacht und erlösender Dämmerschlaf.

SCHLAF

Über dem Lager: die Geräusche der Nacht. Es bedarf einer Schärfung der Wahrnehmung, der Differenzierung zum Herausfinden einzelner Laute, Klänge, Sprachfetzen, Bruchstücken, geflüsterten Klagen. Man hört Verschwommenes, monotones Stöhnen, Schlaflaute aus den Träumen von Finsternis und Untergängen.

Es ist der Zusammenfluß Tausender Geräusche, eine einzige Ballung, an- und abschwellende Woge, undefinierbar, eine endlose Litanei aus engen Erdhöhlen, aus den Schatten dar amorphen Masse in ihren Schlammlöchern, auf den Trampelpfaden entlang des Stacheldrahtes, über Qual und Marter auf schmalen Latrinengräben. Wie Nebelschwaden verharren Schlaflaute, Traumgespinste über den Käfigen mit gestaltlosen Bündeln, die auf bloßer Lehmerde in der Nässe liegen in dieser Schwemmlandebene am Ufer des Rheins: Röcheln, Selbstauf gabe, Apathie und Verlust aller Hoffnungen. Es ist ein einziges Zusammenfließen des Atmens, Stöhnens, der Nachtgebete und Flüche, Selbstgespräche, Anrufungen des großen Geistes. Zu einem einzigen riesigen Organismus verschmelzen die Schattengestalten in der Masse. Vergehen und Anschwellen, ein Ein- und Ausatmen, alles vereint sich zu einer mächtigen, schrecklichen Mechanik des Luftholens, der Herzschläge, ein rasches Pulsieren, eine einzige Kontraktion, ein einziger Hauch, der mit dem Strom fortfließt. Aus den Cavernen des Elends in den Drahtkäfigen, Höhlen, Löchern, Schlammgräben, fort mit nächtlichem Fluß nach Norden, zum Meer, hin in die Brandung einer erträumten Freiheit...

1995

NÄCHTE IM LEHM

Hoch über uns funkeln die Sterne in der dunklen Ewigkeit des Firmaments. Wir starren in die Unendlichkeit, die Zonen eisiger Freiheit. Territorium ohne Stacheldraht, ohne Wachttürme, Löffelrationen, Toastscheiben, Kaugummi, *Milkpowder,* quälende Schmerzen. Unsere Blicke in diesen kalten, klaren Nächten am Strom lange lange nach oben, schließlich Nackenschmerzen.

Aber die magischen Spuren des eisigen Lichtes sind stärker als Schmerz, Nässe, Hunger und Durst. Wir sehen sie sehnsüchtig, die Himmelsboten, und senden unsere Grüße ihnen zu: Kassiopeia, Kepheus, Perseus und Pegasus; das geflügelte Pferd neben dem Königskind, das Flügelroß, an den Pflug gefesselt, sich losreißend von den Ketten – flatternd die Mähne im Sturm ferner Galaxien, auf seinem Rücken den Poeten mit der goldenen Leier ... Andromeda sehen wir, die Angekettete und wir spüren das Eingeschlossensein in den Stacheldrahtpferch um so schmerzlicher in der nichtendenwollenden Nacht. Auf der anderen Seite des Stromes ragt die Klippe empor, mächtiger Basaltkegel, darin die Felsenhöhle der Giganten, auf der Kuppe eine Fahnenstange ohne Tuch.

In mondhellen Nächten erblicken wir über dem Lager eine schwach leuchtende Wolke, einen Nebelstreif, aufsteigend aus den Wassern des Flusses, hören den Hufschlag galoppierender Rosse sarmathischer Reiter, die Kommandorufe des Centurio verhallen im Dunst ... Dann steigen wir tief in die chtonischen Höhlen des Dionysos, pilgern zu den Heiligtümern des Mithras, sind zu geschwächt, den Stier zu fesseln, ihn zu töten ...

Im fahlen Morgenlicht verblaßt die ferne Sternenwelt und wir beginnen erneut unseren endlosen Marsch ums Karree, uns warmzulaufen, zu bewegendem Stumpfsinn zu entfliehen, Rundgang in einer Prozession des Elends, Gleichmaß im Göpelwerk.

ERSCHEINUNG

Aus den Löchern, Höhlen, Rinnen, Cavernen steigt in endlosen Regennächten schlammverkrustet, angestrahlt, übergossen vom Blendstrahl kreisender Scheinwerfer das große Tier aus der Tiefe.
Unbeweglich, schweigend schwebt es über dem Elendsfeld, nur erkannt von den Wissenden: Menetekel der Apokalypse mit grünlichen, riesigen Tentakeln, die sich langsam herabsenken auf die Schläfer. Zeichen der Endzeit, starr, gnadenlos im Verharren völligen Unbeteiligtseins. Keine Spur von Tröstung, keine Hilfe, kein Wunder, weder Hoffnung noch ersehnte Verheißung für die Masse der Schlafenden, nur eine Prophezeihung kommenden Unheils.
Im Grau der Morgendämmerung löst sich die Erscheinung auf, verschwimmt im Gebilde einer düsteren Wolke, fortgetrieben vom Westwind über die Kuppen der Schieferberge.

GEDICHTE

Endlos dehnten sich die kalten Nächte in der Lehmhöhle, auf dem Boden sammelte sich Regenwasser, an Schlaf war nicht zu denken. Wir hockten um ein Feuerchen aus gedörrtem Gras und Holzspänen. Um Kälte, Nässe und gähnende Leere zu überbrücken, erzählte der dichtende Gefährte, weitgereist und wortgewandt, seine Erlebnisse aus den Jahren vor dem Krieg. Er konnte nicht ahnen, daß im Nachbarcamp der Dichter Günter Eich hinter dem Stacheldraht saß und in der gleichen Nacht auf ein Stück Zuckersackpappe ein Gedicht über das Elend des Lagers schrieb, Verse, die einige Jahre später Berühmtheit erlangten.
Sein BLICK NACH REMAGEN beginnt:

Am Nachthimmel ungeheuer
leuchtet der Widerschein
der tausend Lagerfeuer
auf der Steppe am Rhein.

Und in seinem CAMP 16 heißt es:

Durch den Stacheldraht schau ich
grad auf das Fließen des Rheins.
Ein Erdloch daneben bau ich,
ein Zelt hab ich keins.
Zur Lagerstatt rupf ich Luzerne.
Nachts sprech ich mit mir allein.
Zu Häupten mir funkeln die Sterne,
es flüstert verworren der Rhein.
Nichts wird sein als der Regen, –
mich schützt kein Dach und kein Damm, –
zertreten wird auf den Wegen
das Grün des Frühlings zu Schlamm.

Die Schlaflosen kauerten sich, Wärme suchend, zusammen und der erzählende Gefährte redete leise und eindringlich. Die Stunden verrannen. Schließlich sprach er von Ikarus. «Aus Schatten sahen wir aufwärts ins Licht: oben kreiste Ikarus – vergeblich suchte er die Sonne …» Der Erzähler schwieg. Er hörte die tiefen Atemzüge der Kameraden. Gelobt seien die Götter, die ihnen endlich den Schlaf sandten! Morgens hob sich endlich die Sonne durch den nassen Nebel. Wir beten sie an.

Aus ERWACHENDES LAGER:

Bei der ersten Begehung
morgens im Dämmerlicht
ist es wie Auferstehung
im Lager beim Jüngsten Gericht.
Wenn erst wärmend die Sonne
auf den Hönninger Höhen sich hebt,
ist es Auferstehungswonne,
die schauernd die Schläfer belebt.

VERLUSTE

Unsere Geschenke, die uns das Schicksal zubilligte, tragen wir in uns, hin zu geheimen Orten. Mühsam halten wir Schritt, suchen die Richtung, träumen, verlaufen uns in Ödnis und Walddickicht. Mondschein taucht das Lager in milchiges Licht, Formen lösen sich auf, eine neue Zeit hat begonnen. Zerlaufen sind Farben, Lichterströme, Sonnenglut. Verblassend grelle Farben der Bilder. Hier herrscht Einheitslicht, ausgeschaltet bleiben die Lampionketten der Freude, des Leichtsinns, der wunderbar unbeschwerten Naivität. Wir sind angekommen am Kreuzweg unserer Zeit, vergangener Stunden und Tage, der Glücksminuten – alles erlöschend, alles verloren im fahlen Lichtschein über dem Elendsland.

UMSONST?
«Wir sind angelangt am Nullpunkt», sagt der Kamerad in einer schlaflosen Nacht im kalten Lehmloch, und fährt fort: «Alles haben wir verloren: sechs Lebensjahre, Besitz, Erspartes, Haus und Hof, Liebe – und den Krieg, den Krieg haben wir verloren und den Glauben, die Überzeugung, daß alles was wir taten, das Rechte war zum Wohl des Ganzen!» Und bedächtig sagt er: «Wir wollten Altes ändern, echte Werte schaffen, eine morsche Welt erneuern. Wir glaubten den Parolen: keiner soll hungern, alle für einen, an unserem Wesen, da soll die Welt genesen, die Fahne, immer die Fahne und Volk ohne Raum!
Und wo sind wir jetzt? Unser Raum ist eine Erdhöhle hinter Stacheldraht, hier sind wir gelandet – in einem Drecksloch hungern wir am Rhein...» Leise fragt er ins Dunkel: «Was soll nun werden, was werden sie mit uns machen?» Und dann sagt er das vernichtende Wort, gewichtig wie eine erdrückende Last: «Umsonst!»
Im engen nassen Lehmgeviert, unserer nächtlichen Zuflucht, bleibt die quälende Frage ohne Antwort, unsere stille Frage: War wirklich alles umsonst?

HOMMAGE A DAEDALUS

Aus Holzleisten, Röhren, Drähten, Schnüren, Spieren, Rädchen und Leim hat sich der Vogelmensch sein Wunderwerk gefertigt. Das Herz Daedalus' klopft in ihm, es ticken Berblingers Ideen, leben Latham, Blériot, die Wrights und Otto Lilienthal. – So wird das wunderliche Gebilde, entstanden in langen Nächten, zur Hommage an Daedalus, zum Lobgesang für Ikarus. Erinnerung an alle Jünger und Propheten dieser Sekte, die aus Begierde und dem Glauben lebt, der Gravitation zu entfliehen, höher hinaus zur Heavysideschicht, fähig, alles zurückzulassen, was bedrückt, was Ballast sein könnte für erträumte Höhenflüge. Das Glücksgefühl der Erwartung erfüllt seine Seele: Ich werde fliegen!

2002

PROJEKTIONEN

Dinge, die einem aus unerfindlichem Grund nicht aus dem Kopf gehen, in der Vorstellung verharren, Bilder, Engramme: die Geschichte mit den Schnecken, hier im Zusammenhang mit der Dauergrübelei alter Männer über Zeit. Die Zeit an sich und die eigene, mit der wir – ach so miserabel – umgehen bis auf seltene Augenblicke, in denen uns bewußt wird, wie sie, die Zeit, die uns zugemessene, wie Sand zwischen den Fingern verrinnt...

Um die Mitte des vergangenen Jahrhunderts erhielt das Britische Museum in London zwei offensichtlich tote, seltene Wüstenschnecken als Geschenk eines Forschungsreisenden. Man zeigte sich hocherfreut über die bedeutende Gabe und klebte die Mollusken auf eine kleine Tafel aus Ebenholz, stellte sie unter Glas zur Schau.

Etwa zwei Jahre später kam einem aufmerksamen Museumswärter der Verdacht, daß eine der Wüstenschnecken sich in kaum merkbarer Weise bewegte; es schien so, als ob dies der Fall sei – daß sie also, unvorstellbar, noch lebe.

Fachleute lösten das schleimige Etwas sorgfältig vom Holzbrett und legten es behutsam in eine Schüssel lauwarmen Wassers. Das schier Unglaubliche geschah: das scheinbar tote Lebewesen begann sich zu bewegen, veränderte seine Position, fing an zu fressen und –wahrhaftig – es kroch in artgemäßer Langsamkeit weiter – und lebte noch volle zwei Jahre!

Projizieren wir nun unsere schwachen Vorstellungen von Zeit in dieses seltsame Ereignis: zwei Jahre unbeweglich auf einem Stückchen Holz, unter Glas, starr. Dann plötzlich Bewegung, Fortkriechen, Gier nach Nahrung, noch – oder wieder – lebendig sein. Dann waren also zwei Jahre eine Art geheimnisvoll konservierter Zeit, ein Zeitgeschenk, Zeitaufschub bis hin zum Wiedererwachen und endgültig letalem Ausgang? Zeit als eine letztlich nicht vorstellbare

Dimension eines irreversiblen Nacheinander, als Dauer, Kondition jeglicher Veränderung, konstatierbar, ablesbar am Rhythmus von Starre und Bewegung?
Wiedererwecken erlebter, längst vergangener Zeit wie bei Marcel Proust in «Auf der Suche nach der verlorenen Zeit». Allein die Funktion seiner Rezeptoren, der Duft des Tees, nur die Vorstellung des Geschmacks der Madeleines erweckten in ihm Bilderfluten der Erinnerung an bestimmte Situationen, an Erlebnisse in seiner Jugend.
Geschmack, Geruch, uralte Reize als Auslöser der pausenlos sich abspulenden Rückerinnerung – ein augenblickliches Zurückholen und Erneuern subjektiven Zeiterlebens.

FRAGE

Das ist die Frage:
Wer hat die synthetische Zelle erdacht?
Wer hat aus unbekannter Materie
das Urbild erschaffen:
Membrane, Hülle, Schutz,
Außenhaut gegen
gefräßige Radiolarien,
dann Epithel, Geflimmer, Geißeln
für Fluchten ins Nichts.
Endlich: ein Nucleolus, die
große Vakuole, eigentlich
Schleimklümpchen nur.
Doch alles das drängte
endlich
zum homo sapiens,
diesem verlorenen Wesen,
gefesselt an
die hauchdünne
Kruste unseres Planeten...

BRASILIANISCHE PLASTIK

Für Erhard

Der alte Mann
hielt den Engel,
er wirkte verkrampft,
starr sein Blick, ungläubig,
entsetzt,
daß solcher Fang
ihm gelungen.
Abgelenkt von
strahlender Schönheit
griff er tappig
nach lädierten Flügeln
nur herzschlaglang in
verzückter Adoration. –
Später glaubte er,
kleinmütiger Philister,
alles sei lediglich
etwas wie eine
fausse reconnaissance:
Traumgebild,
Halluzination und
rasch zerstoben in
alle Winde.
Und so betrog er
sich selbst...

2008

UNTER DEN SILBERWEIDEN

Wir saßen unter den Silberweiden am Fluß. Langsam verging der Tag, in vollkommener Ruhe. Sonnenstrahlen trafen das Wasser wie Lanzenspitzen, erzeugten Spiegelungen. Wir träumten unter den Lieblingsbäumen des bocksfüßigen Pan.

An Nachmittagen völliger Einsamkeit hörten wir den Strom rauschen, Binsen und Schilf beugte der Wind.

Wir saßen am Ufer, an kleinem Tisch, Klappsessel in Beifuß, Schilfhalmen, Brennesseldickichten und Jakobskreuzkraut, scharfer Duft von Johanniskraut im Sonnenbrand, Minzeschwaden in feuchter Luft.

Auf unserem Tischchen das archaische Mahl: Brot, Oliven, Schafskäse, Trauben – und herber Valpolicella. Sanftes Öffnen der Flasche und in kleinen Gläsern das dunkle Rot, leicht über der Zunge: *goûter le bon vin ...*

Dann Kühle und das Versinken des Gestirns über der unaufhörlich glitzernden Fläche des Stromes, Silber spritzte auf, als wir Kiesel warfen.

Werfen, Sprünge zählen, Wein trinken und wie ein Taumel in den Sonnentag unserer Erinnerungen hinein fortgeschwemmt mit den Wassern, eingeschlafen im rhythmischen Gleichmaß des Strömens, behütet von Pan mitsamt seiner ausgelassenen Gesellschaft: Nixen, Dryaden, Kentauren, zwischen dem Weidengebüsch und der steinigen Uferböschung, leise die Melodien der Syrinx, dann dionysisches Gelächter, das Gelächter der Götter ... Aus den Dickichten am Ufer Hundegebell und der Schrei Actäons.

Klänge, schwebend in Dämmerung und Müdigkeit, und längst Vergessenes melancholisch aufsteigend ...

2008

SUCHE

Heute singen wir das alte Lied vom Fortgehn, leise, die Schläfer lassen wir in Dämmertiefen, trunken von Sternenlicht, Käuzchenruf und grünem Sylvaner wandeln wir in die Geheimnissen der Nacht. In unseren Adern pochende Lust auf Unbekanntes, Herzschlag bis zum Hals. Das Bündel drückt. Wir haben es vollgepackt mit Bildern, Worten, Begegnungen, Schmerz, Geschrei, homerischem Gelächter, den Ängsten der Kindheit. Wind in den Buchen, wir lauschen, erwidern zögernd die Grüße des Sirius. Aus den Tälern steigen wir hinauf zur Kuppe: Luftmeer, Stille und Strahlen. Vergebliches Suchen, den Engel fanden wir nicht...

BOTSCHAFTEN

Auch in dicken Folianten, klugen Büchern, Postillen, Essays fanden wir nicht das, wonach wir suchten. Aus anderen Bereichen mußten wir Botschaften holen ans Tageslicht unserer Neugierde. Da blieben Federwolken über dem Fluß, Amselruf im Morgenlicht, Nebel über dem Waldtal, die Vollkommenheit des Farnstrauchs am Buntsandsteinfels und die schmale Brücke überm Abgrund. Den Augen verborgen lag seine Tiefe im Liladunst. Im Felsstein lasen wir endlich die Zeichen der Botschaft, glückliche Finder – doch ihren Sinn verstanden wir nicht.

METAMORPHOSE

In Schattendunkel und Lichtstrahlen, Dinge verwandelten sich, Umrisse verschwammen zu neuen Gebilden, Schrittchen um Schrittchen, hin zur Buntsandsteinkammer mit dem Stein des Geheimniskrämers.
Fremde Klänge verströmten Schwingen großer Harmonie. Plötzlich vergessen alles was uns prägte: Erkenntnisse, Forschen, Hypothesen, Rubriken, das geheiligte Meßbare. Alles war falsch, anders, verwandelt: Gestalt, Umrisse, Fülle, Bewegung, Fixpunkte nicht mehr vorhanden, Existenz luzid, verhüllt von Lichterströmen.
Einer nur sorglos: Pan, trunken wankte er aus Binsen und Schilf. Unbekümmert um letzte Geheimnisse lauschte er den Klängen seiner Rohrflöte.

ORIENTALISCHE IMPRESSIONEN

ISTANBUL

Vorher nichts und nichts nachher ist vergleichbar diesem Augenblick: nach einem langen Tag im Gewühl und Gewirr, in den brausenden Kaskaden ununterbrochener Verkehrsströme, den Lärmkakophonien, Menschentrauben mit Rufen und Gebrüll, Taxis, Dolbussen, Lastwagen, Händlern, Hunden, Katzen, Tauben, Bettlern, Spatzenscharen nun urplötzlich der Zustand vollkommenen Enthobenseins auf der schmalen Balustrade des Galataturmes hoch über den Dächern auf der asiatischen Seite des Bosporus ...

Noch ist sie erkennbar, die große Stadt mit ihren Einzelheiten: Topkapipalast, Türmen, Kuppeln, Giebeln, Minaretten, Gebäudekomplexen, Grünflecken. Doch in der Unaufhaltsamkeit dieses Sonnenunterganges, spätestens ab dem Eintauchen der Purpurcarborinkugel in die Liladämmerungen des Dunstes über Wasser und Stadt beginnt der Schwebezustand mystischer Verwandlungen.

Längst sind die Betrachter verstummt, ungeheuer ist die Wirkung dessen, das sich dort vollzieht: ein magisches Gebanntsein, Rückstürze in die Unergründlichkeiten einer *fausse reconnaissance,* so und nur so kann dies sein: die versinkende Kugel, gerade auf der Messerschneide des Horizontes, nimmt die Märchenstadt mit sich in die Geheimnisse orientalischer Dunkelheit. Es ist ein langsames Verlöschen der Details – Straßen, Gebäude, Moscheen, Baumgruppen, Türme, alles verwandelt sich in eine einzige, ungeheure Masse, aus der nur noch die Nadelspitzen vieler Minarette ragen.

Es scheint, als ob die hunderttausend einzelnen Zellen der Stadt in phantastischer Weise miteinander verschmelzen, zu einem grandiosen, amorphen Organismus, der in Dämmerung gehüllt ist, zu atmen beginnt im Dunstgewoge, dessen aufflammende Lichterketten zu einem wundersamen Sensorium werden, die Finsternis der Nacht zu überstehen.

Auch das Schweigen der Reisenden auf der Balustrade wird Teil dieser Stimmung, Gefühle zwischen Entrücktsein, Traum, Unheimlichkeit der Summe von Leiden in dieser Stadt in den verwehten Jahrhunderten zwischen historischer Realität und Tausendundeinernacht-Geschichten, im Handlungsspielraum zwischen Meeressaum und den Irrgängen der Bazare…

AM BOSPORUS, 1988

MARMARAMEERFAHRT

Wie mit Flügelschlägen kommt plötzlich Melancholie auf nach der unübersehbaren Fülle der Eindrücke: Türkishimmel, Lichtstelzen, Wolkenzug, Brandungswellen, verwehte Klänge von Bord weißer Schiffe, Konturen im Dunst: Paläste, Marmorbalustraden, Türme, Moscheen, Kuppeln, Parks, Terrassen – alles gleitet vorüber, Rufe, Augenblitzen, Gelächter.

Genau unter dem kühnen Bogen der Bosporusbrücke trinken wir Tee. Über unserem Schiff gleiten Raubmöven, die starren Reptilaugen spähen nach dem Silberstreif der Fische. An den Anlegestellen warten die Fahrgäste mit stoischer Geduld. JAWASCH ... JAWASCH ...

Die Plötzlichkeit des melancholischen Einbruches ist überwältigend vor den Traumkulissen der Ufer auf asiatischer und europäischer Seite des Bosporus; wir pendeln gleichsam hin und her, wie getrieben von einer Sehnsucht, deren Urgründe uns verborgen bleiben und wie erfüllt von Gier nach Besitz beider Teile. Wie dünn, wie zerbrechlich es aus der Ferne aussieht, das Wunderwerk der Riesenbrücke – von unserem beweglichen Standpunkt auf blauschimmerndem Wasser (den Schlamm darunter wollen wir nicht wahrhaben) relativiert sich so manches!

Die Traurigkeit des steten Wechsels der winzigen, im Ufergrün wie verlorenen Anlegeplätze überwältigt uns ausgerechnet im gleichen Augenblick, da die Summe von Lichteindrücken, Freuden, Reisefieber, Augenlust, Schauenwollen und Neugierde überwiegt. In die Idyllen zwischen Grünufer und Steinstrand fallen Schatten, beginnen die Wirkungen geschickter Verdrängung zu schwinden, hier beginnt Asien, ist Orient, gibt es keine Umkehr ... Hornsignal, Landesteg, Aussteigen, es wartet bereits der Bus – es wartet Anatolien.

AYVALIK

In der Glut des Mittags zeigen die Häuschen der Altstadt nur verschlossene Fenster, drapiert mit Blumen und Kletterpflanzen, Hibiskus leuchtet tröstlich vor bröckelndem Gemäuer.
In einem winzigen Haus nahe der kleinen Moschee mit dem Stricknadelminarett ist ein Fenster geöffnet, die Läden halb angelehnt, eine verhutzelte Alte blickt hinaus, nicht zielgerichtet oder neugierdetrunken schaut sie auf die unbelebte Straße. Ihr Blick ist losgelöst von den verschwommenen Umrissen der Umgebung, wesenlos, losgespalten von den Wirklichkeiten des Raumes, er geht hinaus über zerbrökkelndes Mauerwerk, Torbögen, Kuppeln, Nonnenziegeldächer, durch Häuserwände in die bleierne Landschaft.
Dieser Blick ist nordwärts gerichtet, *via alemanya,* dorthin, wo die seit Jahren leben, an denen ihr Herz hängt. Es ist, als ob im Blick der Alten gewaltsames Zurückholen so vieler Dinge läge, Gegebenheiten, Ereignisse, Erinnerungen, Gesichter, Reden, Lächeln geliebter ferner Menschen und zugleich hoffnungsloses Wissen darum, wie sehr alles vergeblich war von Anfang an, sie senden nur selten noch Botschaften nach Anatolien, nimmer wollen sie zurückkehren, die schönen Enkelkinder, Vater in Bielefeld, Söhne in Rheinhausen ...

PAPPELN

Melodien wie Orgeln verströmen die riesigen, uralten Pappelreihen zwischen Stadtmauer, Toren und Gebirgskette. Die melodische, wunderlich monotone Melodie entspricht der Weite und Verlorenheit der anatolischen Hügelketten.
Die Säulenreihen der mächtigen Bäume vertrauen sich

dem Blasebalg des Windes und der Stürme an – Reste des Meltemi aus der Ägäis–, noch im Besitz ihrer Blätterfächer spielen sie die unüberhörbare Botschaft des Herbstes zwischen Flußwasser und Ziegelsteinresten, unbekümmert vor der Melancholie des unausweichlich Kommenden, dem Desaster kahlen Ästefiligrans...

MÖVEN

Marmarameer. Die Flüge der großen Möven sind nicht berechenbar. Es fällt schwer, sie in einem einzigen Moment der Begegnung zwischen geflügeltem Reptil und schwerkraftgebundener Kreatur zu fixieren, sie halten nicht still, zeigen eine moslimische Scheu, fotografiert zu werden.
Weit entfernt von Zeichen würdeloser Neugierde sitzen sie unbeweglich – viel zu fern – auf der Kante einer Mole, dicht am Ufer, nur das kalte Auge rastlos.

WOLKEN

Küstenstraße auf dem Wege nach Ayvalik, Traumblick auf die schimmernde Fläche des Meeres, dessen Kimmung sich in Lilaschleiern mit dem Himmel verschmelzend verliert.
Die Formation der Wolken ist stetem Wandel unterworfen, jedes Gleichmaß zerstört, als ob der Himmel das Signal setzen wollte: letzte Tage des anatolischen Herbstes...
Alles, was sich an solchem Tage am Scheideweg ereignet, ist getragen von Unstetigkeit, Weggehen, Eile, Verrichtungen ohne Sinnfindung.
Eine ausgestorbene Kleinstadt, Requisiten im Staub, winzige Giebel, Lokale, Touristengrüppchen entlang zerfallen-

der Ziegelmauern, Besteigen ausgetretener Treppen, Tornischen, dahinter die veränderten weißen Cumulusgebirge, Burgen der Götter, Drängen, Wortfetzen, Fotografieren, dann endlich Stille.

FOTOGRAFEN

Dieses Fieber ist epidemisch, erlischt bei beginnender Busfahrt, flammt unversehens und unaufhaltsam wieder auf, wenn das Vehikel einmal hält.
Anhalten an einer Moschee, einer Ruine, einem Museum, an einem traumhahaft schönen Aussichtspunkt (wie vieles müßte hier BELLEVUE heißen!), in der Altstadt, neben dem Bettler, vor der Traumkulisse des unglaublichen Sonnenunterganges am Meer, dem Kameltreiber, der uns mit Zahnstummellächeln beglückt, während seine Tiere sich vor den blinkenden Kameras bereits routiniert niederlassen auf ihre Knie – alles dies sind die Sternenaugenblicke unserer Fotografen.
Immergleicher Vollzug: Ausschwärmen aus zwei Bustüren, alles vollzieht sich zwanghaft, rasch, routiniert und wie von selbst. Die Truppe verläßt das Fahrzeug, beliebt sind die Umfassungsangriffe von links (je nach Sonnenstand), die schneidige Umklammerung des Objektes, der zügige, durch nichts zu bremsende Impetus unserer Reisefotografen. Erstaunliche Formen der Körperbeherrschung auch bei älteren Semestern: Sprünge, Schwünge, gebücktes Verharren, Knien im Staub, seltsame Verkrümmungen, im Kopfe die Zahlenwerte für dieses einmalige Souvenir: Blende 16 bei 1/250 Sekunde...

BURSA

Weit erstreckt sich die schöne Stadt – Lieblingsprojekt Kemal Atatürks – um das Bergmassiv, an dessen Nordseite unser Hotel am Hang klebt: wunderbare Sicht über die Fülle der fruchtbaren Ebene bis hin zur Kulisse des Taurus. Gesegnet seien sie von Allah, die endlosen Gärten, überquellend vor Kukurruz, Erdäpfeln, Tomaten, Feigen, Mandarinen, Paprika, Pistazien, Artischocken, Zitronen, Melonen, Granatäpfeln – Land voll Milch und Honig...

Rascher kommt hier die Nacht, wie eine Woge plötzlich über die Kämme der steilen Berge. Kaum verblaßt der rötliche Schleier im Coelinblau der kurzen, wundervollen Dämmerung, steht schon die scharfgeschliffene Sichel des orientalischen Silbermondes am Firmament. Kühle steigt auf, die Konturen der Pappelreihen unten im Tal lösen sich auf. Ein Geschenk des Propheten ist der heiße Tee auf der Terrasse.

Langgezogen, mahnend, drängend, vermischt mit ewiger Melancholie klingen die Rufe der Muezzine tief unter uns von den winzigen Galerien der Minarette. Der sanfte Schein dieser Nacht – gerade noch reicht er aus, die Kuppeln der Moscheen zu erhellen. Silbrige Reflexe aus dem Gewirr der geheimnisvollen Altstadt schimmern bis hier in die Gärten der Villen.

VOR BURSA, 1988

PERGAMON – NICHT DIE GÖTTER VERSUCHEN

Nicht anders kann es sein: wir haben uns den Zorn der Götter zugezogen!
Bei Abfahrt unseres Busses vom Berge der Götter geschieht es unerwartet und blitzartig, ein Felsbrocken rollt den Steilhang hinab auf die Straße zu, genau dorthin, wo er Augenblicke später unser Gefährt getroffen und in den Abgrund gerissen hätte.
Im letzten Augenblick bremst der Fahrer, Bremsen kreischen, es bleibt der riesige Stein an einem Felsvorsprung hängen – dann Stille, diese archaische, vollkommene Stille über Hängen und weitem Tal, Stille des geweihten Ortes und tiefes Erschrecken der Gruppe.
Blutleer im Gesicht registrieren sie den Vorfall, wenigstens einer weiß, daß es der in einen Habicht verwandelte, von Apolls Bannstrahl getroffene HIERAX war, Daedalion, Sohn des Lucifer, Bruder des Ceyx, Königs von Trachis, der sich aus Betrübnis darüber, daß seine schöne Tochter Chione von Diana erschossen ward, vom steilsten Felsen hinabstürzte, aber mitten im unaufhalsamen Sturze von Apoll in einen Habicht verwandelt ward...
Ein einziger Reisegefährte hatte gesehen, daß im gleichen Augenblick, als der Felsbrocken schwankend liegen blieb, aus der Machie dahinter ein Habicht hochschoß in das unwandelbare Blau, höher und höher stieg, von den Winden des nahen Meeres getragen und schließlich als winziger Punkt seewärts verschwand...

MUSEUM IN EPHESUS

Hier herrscht die Stille des Betrachtens, Staunens und Ergriffenseins vor den verstummten Zeugen großer Epochen, Zeiten voll Machtrausch, Virilität, Eitelkeiten, Erhöhung der Götter, Apotheose der Herrscher, Marschtritt der Gepanzerten, dem Stöhnen der Sklaven und jener peniblen Sorgfalt aller, nach dem Tode zu verbleiben in des unauslöschbaren Erinnerungen der Stelen, Büsten, Gemmen, Statuen und Mausoleen.

Mittelpunkt: die große Artemis, Mutter Asiens, Feindin des Apostels in ihrer ungeheuren Fülle von Fruchtbarkeit, Versprechungen des ersehnten Überflusses, Ernten, Herden, Besitz in Hülle und Fülle, überfließend das Land von Milch und Honigseim...

Die Fülle der Eindrücke überwältigt uns: Auferstehung unserer Knabenträume vom fernen Lande Homers, Wirklichkeit geworden, hier vor uns in phrygischem Marmor, in Alabaster, Granit, Elfenbein, Gold.

An den Grenzen kaum mehr ausdrückbarer Vollendung: der Kopf eines Eros des Lysipp, äußerste Möglichkeiten erreicht, überschritten, Dornauszieherverwandtschaft. Im Dämmerlicht des kühlen Raumes das harte Profil der Kaiserin, es verwandelt sich langsam in das Antlitz der Medusa...

Dann, später, nach dem langen Gleißen des Lichtes, von Säulen, Stelen, Gestein, Peristylen und Architraven, überkommt uns der Wunsch, nun in einer Taverne Tee zu trinken, Wein, etwas Brot zu nehmen, Oliven, Schafskäse, Trauben, Feigen, würzige Fleischgerichte, alles ohne jede Hast, im Blut bereits etwas von Vorahnungen eines potentiellen Aussteigers, der später einmal hierher reisen wird, hier bleibt ohne das geringste Verlangen wieder fortzugehen: INSHALLAH!

AUFBRUCH

Mit den Möven
fliegen sie
davon:
unsere Wünsche
über den Strom
zu anderen Ufern
jenseits
des Alltäglichen,
ausgefahrener
Wege,
erreichen endlich
da drüben
die neue
wunderbare Wirklichkeit,
Land,
das nur uns
gehört:
Cythera
im Morgenlicht...

FLÜGELSCHLÄGE

Welch ein
Übermaß in
den Flügelschlägen,
die Horizonte
zerteilen:
uralte Zeichen,
Chiffren geheim
in den
Azurhimmel...

TUNESISCHE IMPRESSIONEN

DER KARREN

In Monastir landen die Düsenklipper aus allen Ländern Europas, bringen Scharen sonnenhungriger Touristen an die Strande des Mittelmeers, in Luxushotels, zu den Sehenwürdigkeiten des Traumlandes. Über Straßen, Autobahnen und Avenuen sausen Automobile aller Fabrikate, Vehikel des Fortschritts, Künder seiner Maxime: immer schneller, immer bequemer! Zeit sparen, heißt die Parole – TIME IS MONEY!

Wir aber gehören zur Bruderschaft der Langsamen, einer uralten Sekte, die die beschleunigte Bewegung des homo sapiens ablehnt.

Also lösen wir eine Fahrkarte, steigen im Bahnhof von Sousse in den Bummelzug. Er hat es nicht allzu eilig mit der Abfahrt. Wir schauen zum Fenster hinaus auf die belebte Küstenstraße, die von Monastir kommend nach Norden führt, nach Nabeul, Karthago, Tunis. – Da sehen wir am Rand der Straße einen wackligen Karren, davor ein Esel mit Scheuklappen und einem carborinroten Wollbüschel über dem Kummet, armseliger Schmuck für das Grautier, das in stoischer Gelassenheit wartet.

Auf der kleinen Ladefläche der Karre hockt ein alter Berber, zerlumpt, schlecht gewundener Turban, zerfranster löchriger Burnus. Unbeweglich, gelassen betrachtet er das Straßengewimmel, in sich zusammengesunken, Haltung eines Schlafenden. Doch hin und wieder überkommt ihn eine plötzliche Unruhe. Er erhebt sich, steigt ab, untersucht die Stelle, an der die Verbindung zwischen Deichsel und Karren gebrochen ist. Mit Draht und Schnüren hat er den Schaden zusammengeflickt, doch dieses Provisorium erwies sich als zu schwach.

Lange betrachtet der Alte das Malheur, spricht dann mit einem jungen Mann, gibt ihm eine Münze und der Bote fährt auf seinem knatternden Moped davon. Nach geraumer Zeit

kehrt er zurück – für uns eine endlose Zeitspanne im Bummelzug –, reicht dem alten Mann Werkzeug, zwei eiserne Leisten, Draht und Schrauben.
Unendlich lange dauert die Reparatur. Der junge Mann weist die Unterstützung des Alten zurück. Mit einem Körner schlägt er Löcher ins Holz der Deichsel, schraubt die Verbindungsschienen an, umwickelt die Bruchstelle mit Draht – Bewegungen wie in Zeitlupe. Lange spricht der Mann mit dem hilfsbereiten Mopedfahrer. Was mag er ihm wohl sagen? Vielleicht belehrt er ihn zum Dank: «Allah hat uns die Zeit gegeben; es ist seine Zeit, die er uns schenkte. Verschwender sind die, die meinen, keine Zeit zu haben, die ewig Eiligen, Gehetzten – sie treten die Zeit mit Füßen, vergeuden sie in ihrer Hast. – Sei du Herr deiner Zeit, die Allah dir geschenkt hat!»
Endlich ein Signal – der Bummelzug fährt ab – und Karren, Kutscher und Eselchen entschwinden unseren Blicken. Wir schweigen, fühlen uns seltsam angerührt vom Erlebten, vom alten Mann, seinem geduldigen Esel, dem vorsintflutlichen Karren. Vor allem sind wir berührt von jener Langsamkeit der Handlung, die eines in wunderbarer Weise verdeutlicht: Der alte Mann besitzt die Zeit – und nicht die Zeit ihn!

LOBLIED AUF BURRO

In einem alten Kinderbuch schildert die Gräfin Segur die Geschichte des Esels Naso – ein Grautier, das sprechen konnte und das im Orient mancherlei skurrile Abenteuer erlebte.
Nein, sprechen kann er nicht, der kleine Esel, der geduldig vor dem Bahnhof in Sousse wartet, mediterraner Verwandter des sprachbegabten Naso. Doch hin und wieder macht er sich Luft mit einem durchdringenden Schrei, dessen Wildheit im Gegensatz steht zum gewohnten Bild eines ruhigen,

über alle Maßen geduldigen Grautieres. Hier, in Tunesien, im Maghreb, in allen Ländern rund ums Mittelmeer trifft man es an vielen Orten, ist versucht zu behaupten, daß Burro, der Esel allgegenwärtig ist. Die Grautiere tragen Lasten, hoch aufgebürdet, ertragen den Menschen, ziehen Karren, bewegen Göpelwerke, sind Reittier des kleinen Mannes und Spielgefährten munterer Kinder.

In zahllosen Geschichten, Märchen, Legenden aber dienen sie als unvergängliches Sinnbild einer Tugend, die dem gehetzten Menschen verlorenging: sie sind Inbegriff der Geduld!

Nicht umsonst spricht man von «Eselsgeduld» und meint damit jene Verhaltensweise stoischer Gelassenheit. Im Zustand unbeweglichen Wartenkönnens nimmt Burro alles hin, wie es kommt: Sonnenhitze, Lärm, Belästigungen, Geschimpfe, Drohungen und Schläge. – Vielleicht aber ist es diese Fähigkeit der geduldige Ruhe und des Ertragens so vieler Bürden, die zugleich Eigensinn und sprichwörtliche Störrischkeit als kompensatorische Eigenschaften entstehen ließ? Vom Menschen mit ähnlichen Charaktereigenschaften sagt man ja, er habe ein Fell wie ein Esel. Ohne jeden Grund benutzten ganze Generationen – inzwischen ausgestorbener – Pädagogen für langsame Denker das Schimpfwort «dummer Esel» und stellten Störenfriede in die «Eselsecke». Umgeknickte Buchseiten bezeichneten sie diffamierend als «Eselsohren». –

«Mein gutes Eselchen» nannte der alte, zerlumpte Maghrebinier zärtlich sein Grautier, das unter Dattelpalmen nach Gras suchte und sich geduldig streicheln ließ. Unvergeßlich ein Erinnerungsbild: Auf der Avenue de la paix, am Meeresufer in Sousse: ein Eselskarren. Vorneweg, in grellbunt geschmücktem Geschirr trabt Burro, auf dem zierlichen Karren zwei Berberknaben in flatterndem Burnus. Niemand hätte dem grauen Zugtier solche Eleganz, solches Tempo zugetraut! Einer der Knaben hält einen plumpen

Holzkäfig mit gackernden Hühnern schwankend in erhobener Hand. Man hat den Eindruck, der Esel jage im Zustand eines urhaften, tiefen Erschreckens dem Lärm hinter sich davon, doch je schneller er läuft, desto lauter gackert das Hühnervolk, desto schriller schreien die Knaben. Auf der Flucht vor Lärm und Peitschenschlägen vollbringt ein sonst störrischer Esel wahre Wunder an flinker und eleganter Bewegung.
Immer, wenn wir zurückdenken an Tunesien, drängt sich der liebenswerte Esel Burro in die Bilderketten unserer Erinnerung...

2009

KINDERSPIEL IN MOCKNINE

In Mocknine, einem einsamen Töpferdorf zwischen Mahdia und Monastir. Mittagsstunde. Leer bleiben die Straßen in brütender Sonnenhitze, es herrscht die vollkommene Stille der Siesta. Aus dem Hof einer Töpferei, in dem mannshohe Vorratskrüge aufgestapelt liegen, mächtige Gebilde aus rotem Ton, hört man Kindergeschrei, das jäh die Stille durchbricht. Neugierig schauen wir über eine niedrige Mauer, die das Gehöft umgibt: Eine Schar munterer Kinder – sie kennen das Gesetz der Siestastunden der Erwachsenen nicht – spielt mit einem Schafböckchen. Sie treiben das Tier um einen zerfallenen Brennofen, jagen es in einen windschiefen Holzschuppen hinein.

Doch das Böckchen entkommt durch eine Bretterspalte, gefolgt von der kreischenden Schar. Mitten im Hof bleibt es plötzlich stehen, senkt den Kopf in instinktiver Drohgebärde, wartet auf die zweibeinigen Gefährten. Ein mutiger Knabe nähert sich langsam, vorsichtig. Rasch stößt der Schafbock zu, geschickt weicht das Kind aus, stellt sich erneut zum Zweikampf. Doch es geschieht nichts – beide Parteien haben das Interesse an kämpferischen Aktivitäten verloren. Die Kinderschar umstellt das Schaf, streichelt es, gibt ihm blumige Namen, mit denen man im Maghreb sonst nur die schnellen Dromedare versieht.

Welch bukolische Szene: Kinderschar und Schaf – ihr Spielgefährte im einsamen Töpferdorf. Nirgendwo Spielzeug wie bei uns: ferngelenkte Plastikautos, batteriebetriebene Roboter mit funkensprühenden Kanonen, Barbiepuppen, Eisenbahnen, Modellschiffe, Walkman, Gameboy, Joystick und weitere Überfülle. Nur das Geviert des Hofes, Scherbenhaufen geschwärzter Fehlbrände, Krüge, Amphoren, Brennofen, Holzstoß – und mittendrin fünf fröhliche bescheidene Kinder, deren lebendiges Spielzeug und einzige Freude ein Schafböckchen ist. Es lebe die Mittagsstunde in Mocknine!

2009

VIVEZ LES BONS MOMENTS

Überall in Sousse, Monastir, Kairuaan, Mahdia, Tunis leuchtet uns ein großes Plakat entgegen: am Gare de la République, im Hafen El Kantaoui, in der Medina, auf der breiten Avenue Sidi Abdelmhamid, vor den Souks. Alles strahlt, alles leuchtet, alles strömt Bonhommie und Fröhlichkeit aus. Um einen reich gedeckten Tisch sitzt die Großfamilie in patriarchalischer Ordnung, Großeltern, Eltern, Tanten und eine Kinderschar mit strahlenden Augen, alle in Sonntagskleidung. Es gibt keine Probleme, kein postmodernes Hinterfragen ist angesagt, dieses Zimmer, dieser Tisch mit dem großen Nelkenstrauß samt Rosmarin, mit Porzellangeschirr, silberner Kaffeekanne und Platten mit Kuchen und Gebäck – eine sonntägliche Idylle, reines Glück in familiärer Geborgenheit, eine Domäne der Unbeschwertheit.
In mächtiger Unziale, von weitem ins Auge fallend, der Text: VIVEZ LES BONS MOMENTS! – Nein, es handelt sich nicht um die frohe Botschaft einer obskuren Sekte, nicht um eine Aufforderung von Kirche oder Staat, die Familie zu ehren, die Großfamilie anzustreben – falsche Vermutungen, irrreführene Assoziationen, hervorgerufen von einem Plakat, dessen Botschaft ansteckende Wirkung zeitigt.
Des Rätsels Lösung ist unvermutet simpel: So unbeschwertes Familienglück, solche Lebensfreude, derartiges Genießen des schönen Augenblicks ist nur denen beschieden, die den Pulverkaffe EXTRA bevorzugen vor allen anderen, ähnlichen, minderwertigeren Erzeugnissen …

WIE IN ARKADIEN

Zuweilen ereignen sich Vorgänge, die außerhalb aller Festlegungen eines Programms liegen, geschieht vor den Augen erstaunter Touristen das Unerwartete: Aufenthalt auf einer

ländlichen Bahnstation. Mittagshitze flimmert über dem weißen Gebäude, wir sitzen in der Halle, allein, keine Menschenseele, große Stille.
Plötzlich drängt eine Herde schwarzfelliger Ziegen und Schafe durch die offene Tür, vergeblich ruft und pfeift der Hirte, seine Signale bleiben ohne Wirkung. Die kleine Herde durchquert das verbotene Terrain, jagt die Stufen hinab, weidet schließlich friedlich unter Ölbäumen. Wir teilen mit den Hirten Baguette und Datteln, sitzen auf dem Rand einer alten Zisterne, erzählen. Eine bukolische Szenerie, archaisch, Wochen später kaum mehr vorstellbar die Unterschiede zwischen unserer technisierten Programmwelt und jener Szene in der Stunde des großen Pan.

CHRISTO WAS HERE

In den deutschen Zeitungen tobte ein Meinungskrieg über die Streitfrage, ob der Verpackungskünstler Christo den ehrwürdigen Reichstag zu Berlin verpacken, einwickeln, umhüllen solle oder nicht.
Was dem einen als Sakrileg erscheint, ist dem anderen Ausdruck avangardistischer Kunst, Überhöhung eines historischen Aedificiums durch einen spektakulären Akt der Verfremdung. Rund um die Welt reiste unser Verpacker, umwickelte den Pont Neuf in Paris, verpackte Felsen in Colorado, umhüllte Inseln im Pazifik – mit glitzerndem Material, mit PVC-Folien, Halbseide und Buntpapier.
Doch Vorsicht mit allzuschnellen Urteilen! Was vielen als Scharlatanerie vorkommt, findet seine Entsprechung, seinen ungewollten und deshalb doppelt reizvollen Kontext entlang der tunesischen Eisenbahnlinie Sousse – El Djem: Entlang des in der Sonne glänzenden Salzsees Sebkha Side El Hani zieht sich eine Art Trümmerlandschaft, türmen sich kleine Hügel aus Bauschutt, Abfall, undefinierbaren

Resten. Hier, wo einst die Karawanenpfade hindurchführten, erstreckt sich nun ein Miniaturgebirge aus Schutt und Weggeworfenem, Unnötigem. In diesem Labyrinth graben einsame Abfallsucher nach Verwertbarem, geduldig harren Esel und Maultiere vor ihrer Karre aus, alles erweckt – vor den Zugfenstern vorüberziehend – den Eindruck einer phantastischen, surrealen Landschaft, eines fernen, unwirklichen Szenariums von Traumwelten.

Verstärkt wird diese Impression durch zahllose Bahnen zerfetzter Kunststoff-Folien, die vom Seewind bewegt werden. Sie überdecken viele der kleinen Abfallhügel, werden an die Maschen langer Zäune geweht, wickeln sich um Stangen, die die Ufer des Salzsees markieren. Dort flattern sie fast wie Fahnen, reflektieren das Sonnenlicht, so daß über dem Deponie-Territorium ein unaufhörliches helles Flimmern und Leuchten entsteht.

In dieser unwirklichen Salzebene haben Abfall, Wind, Schutthügel, Zäune und Stangen eine seltsame Form der Verpackung durch glänzende Folien gebildet. Hier könnte Christo noch neue Ideen gewinnen, denkt man, während der Zug sich dem Colosseum von El Djem nähert.

GRIECHISCHE IMPRESSIONEN

MYKENE

Im Anhang unseres Tertia-Lateinbuches waren Bilder klassischer Stätten wiedergegeben. In langen Lateinstunden betrachteten wir sie heimlich: das Erechteion der Akropolis, die Sphinx der Naxier, den Wagenlenker, den Dornauszieher des Lysipp und das Löwentor von Mykene.
In unserer Phantasie belebten wir diese archaischen Orte und Statuen, sahen Spartaner gegen persische Übermacht kämpfen und siegen, erlebten Wagenrennen im Hippodrom und das Treiben auf der Agora – Bilder einer vergangenen Welt in der Ödnis von Vokabelreihen, Konjugationen und grammatischer Konstrukte. Leuchtend wirkten sie im Unbewußten nach, weckten in den Knabenherzen den Wunsch, diese ferne antike Welt einmal zu erleben.
Und nun, Jahrzehnte später, standen wir in glühender Hitze vor dem Löwentor auf dem Boden der Achäer, dem Tor mit seinen mächtigen Monolithen, den hoch aufgerichteten Löwen, deren Vorderläufe sich auf den Altartisch stellten. Die Burganlage mit den Zyklopenmauern ließ das historische Geschehen an unserem inneren Auge vorüberziehen, von der Freveltat König Atreus' bis zu Agamemnon und Orest.
Später sahen wir im Museum von Naupila die Terrakotta-Idole chontischer Gottheiten, bewunderten im Archäischen Museum in Athen die Goldmaske Agamemnons und im Nationalmuseum einen faszinierenden Frauenkopf mit magisch-bannendem Blick.
Mykene – Nachhall unserer Knabenträume: gepanzerte Krieger, dunkle Gestalten hinter Granitstein. Immer werden Mykene, Salamis, die Thermopylen, Olympia und Delphi etwas wachrufen von unseren Jugend-Erinnerungen.

SANTORIN

Nach einer wunderbaren Überfahrt von Kreta zum vulkanischen Eiland Santorin wird die Ausschiffung durch plötzlich aufkommenden Wind und unruhigen Wellengang zum Abenteuer. Es ist fast ein Kunststück, vom sicheren Dampfer hinüberzugelangen ins schwankende Boot. – Erst aus dieser tiefen Perspektive gewinnt man einen Eindruck von dieser südlichsten Kykladeninsel, die ihre Gestalt durch einen ungeheuren Vulkanausbruch vor fast viertausend Jahren erhielt; eine Katastrophe, die sich bis Kreta auswirkte und die minoische Kultur zerstörte. Noch heute steigen Schwefeldämpfe aus den Fumarolen der Kaimeni-Inseln ins Blau des ägäischen Himmels.

An der Kaimauer des kleinen Hafens sitzen die Maultiertreiber im Kreis, Seite an Seite, eng aneinandergedrängt. Es scheint, als wollten die Männer eine Art Phalanx bilden gegen den Ansturm der Touristen, die hinaufwollen zum malerischen Ort Thira, der über die Serpentinen eines Treppenweges mühsam zu erreichen ist.

Später ruhen wir uns dann auf Säulenresten am Rande einer Terrasse aus – Relikte der Dorier, die nach der verheerenden Eruption aus Lakonien kamen und das antike Thira gründeten. Unterhalb von uns wird in einem schmalen Atrium ein Fest der Einheimischen gefeiert. In der Bucht tiefblaues Wasser, Teil jener Sehnsucht, die uns hierhin führte.

Als wir die Insel verlassen, geht westwärts die Sonne unter. Vom Achterdeck aus betrachten wir ein unvergleichliches Schauspiel: die Sonne versank langsam hinter der Kimmung des Ägäischen Meeres, färbte die felsigen Konturen der Inselkette glutrot und ließ sie im letzten Augenblick des Unterganges noch einmal in tiefem Blauviolett aufleuchten – dann umfing uns die Dunkelheit.

Hinter uns verglommen die Lichter Thiras, es streifte uns ein Hauch der tausendjährigen minoischen Vergangenheit...

MATALA

Die Bucht wird umschlossen von hohen Buntsandsteinfelsen; in ihr weiches Gestein sind Höhlen gegraben, verbunden durch schmale, halsbrecherische Stege.
Einst war Matala der Hafen des prächtigen, reichen Phäistos. An diesen Ort, in diese Malerische Bucht entführte Zeus in Gestalt eines Stiers die schöne phönizische Königstochter Europa.
Selbst mit bemühter Phantasie können wir heute im Gewimmel der Touristen keine antiken Heroen, keine Göttergestalten oder minoische Pracht entdecken… Dafür indessen bietet die Wirklichkeit einen seltsamen, ganz zeitgemäßen Ersatz: die Höhlen im Gestein sind bewohnt! Hippies, Rucksacktouristen, Weltenbummler haben sie erobert, zu ihrem Asyl erwählt.
Hier, wo Zeus sich in einen Adler verwandelte, wo er Minos zeugte, hat sich das bunte Völkchen der fremden Blumenkinder aus aller Welt regelrecht eingenistet. Im Innern der Höhlen flackern Feuerchen; die Langhaarigen vollführen im Gerenne über die schmalen Stege equilibristische Kunststücke; sie baden im klaren Wasser der Bucht. Übermütig winken sie einander zu, Worte hallen hin und her in vielen Sprachen, auf englisch, deutsch, schwedisch, französisch… Ein wunderliches Bild des vereinten Europa hier am südlichen Strand.
Die Ruinen der minoischen Palaststadt Phaistos liegen auf einer Anhöhe, von der aus man die Weite der Messara-Ebene überblickt. Von Norden dräut das wuchtige Massiv des Ida-Gebirges, im Westen glänzt der Golf von Messara im Licht des Spätnachmittags.

DELPHI

Griechenland, Region unserer Träume. In der Dämmerung standen wir vor den Toren Delphis, befragten das Orakel ohne den Ablauf der Rituale zu kennen. Zögernd näherten wir uns geheiligtem Boden, über uns die Silhouetten korinthischer Kapitelle. Tauben suchten ihre verborgenen Schlafhöhlen, die Masse der Felsen steil aufragend, Segmente aus unbekannter Materie. Aus der Schlangenschlucht klangen Arpeggien einer Okarina, fortgeweht von sanfter Brise.
Wir tranken Retsina, aßen Brot und Oliven, suchten vergebens den schönen Gott, aufsteigend vom Meer zum Heiligtum. Zu unseren Füßen schmolz zu Blei der Golf, stumpfsilbrig, geheimnisvoll: Itea im Purpurglanz. Im schwankenden Gezweig des Ölbaums saß eine Gottesanbeterin. Von Delos her kam Wind auf.
Aus blauvioletten Schatten ein Medusenhaupt, Augenhöhlen in entsetzlicher Leere, Mund geöffnet – Bocca di verità. Im Dohlengekrächz ging sie unter, die für uns bestimmte Botschaft des Orakels. Wir umstanden den Omphalos schweigsam, fühlten uns wie angekettet an den Nabel der Erde. Dann hoben wir trunken die Gläser und wärmten uns am Feuer der Hirten. Über den steilen Felsen schwebten zwei Drachenflieger. Wir dachten an Ikarus.

BOULOGNE

In der Stadt am Ärmelkanal fegte der Wind durch die Straßen, eisig, vom Meer her, wir froren jämmerlich. In einer leeren Passage ein Antiquitätengeschäft, vollgepfropft die Schaufenster mit Kostbarkeiten, ein Sammelsurium des Glücks: Louis-Seize-Mobilar, Deguevasen, eine Greuze-Kopie, dunkle Portraits aus der Belle Epoque, die wurmstichige Statue eines barocken Heiligen, ein kostbares Sèvres-Service – alle Herrlickeiten der Brocanterie.
Und dann sahen wir i h n , ein wenig verzerrt durchs Eckfenster der Galerie: kein Clochard – oder doch? Mit seinem Kamelhaarmantel erweckte er den Eindruck des Soliden, das *béret* korrekt auf schütterem Haar, ein Greis.
Einst hatte er bessere Tage gesehen, glücklichere Zeiten erlebt – würde Courths-Mahler geschrieben haben. Und aus der Tasche seines Paletots zog er unvermittelt ein versilbertes Fläschchen, langsam, feierlich, mit hundertmal geübter Bewegung, sein Reliquiar, Labsal mit fünfundvierzig Prozent – *eau de vie* –, blickte um sich, setzte es ohne unnötige Rituale einer Verzögerung an die Lippen und nahm einen tiefen Zug seines wunderbaren Elixiers. Er schloß seine Augen, schob die lederumhüllte Flasche mit geübter Wegsteckbewegung, Eichhörnchengriffen in die Innentasche, schaute zugleich verzückt auf einen Empire-Regulator – ein Goldengel hielt die Gloriole über das Haupt des Empereurs, mechanisch bewegte sich das Sonnenpendel zwischen zierlichen Alabastersäulen. Der Mann im Kamelhaarmantel – einst hatte er bessere Tage gesehen – lächelte verhalten und es hatte den Anschein, als habe sein Heiltrank gewirkt: Endlich war er wieder er selbst!

MOSKAU

Babuschka auf dem Puschkinhügel, eisig wehte der Wind, Steppenwind von den vergessenen Gräbern, zugefroren die Moskwa. Die Bettlerin stellte sich in Positur, als der Touristenbus ankam, die Krücke ein wenig schräg im Schnee. Die heisere Monotonie ihrer Stimme – ein Flüstern aus Tolstojs Erzählungen –, die Stimme rührte ans Herz der lustigen Pelzmantelgesellschaft. Die Wirkung des Krimsektes machte die Geberhände locker und Babuschka schlug dreimal das Kreuz vor Schrecken, als sie die vielen Rubelchen sah – im Eiswind bewegt, grüne Fähnchen des Glücks.

CYTHERA

Oft
im kalten Tramontana,
der mir kaum
Atem gönnt,
halt ich die Fockschot
in der erstarrten Hand,
hisse
unsichtbare Segel
und kreuze gegen den Wind.
Gischt
in den Augenwinkeln,
doch
Hochgefühl, Glück,
endlich Alltäglichem
zu entkommen
über
graues Nebelmeer
Cythera entgegen ...

NICÄA

Eine Statuette des Engels, kopfloser Torso, ein Flügel zerbrochen: staubbedeckt lag sie in der Brennesselwildnis an zerfallenden Mauern in Iznik, darüber Arkaden der Basilika, geflügelte Wächter zwischen den Lisenen. Ein unmerkliches Lächeln zeigten sie, voller Geheimnisse durch die Jahrhunderte, belauschten einst die Urväter des Konzils, Stimmengewirr, apodiktische Forderungen. Heute bewachen sie die Gebeine Unbekannter, die in kleinen Gewölben ruhen, ungeschützt hinter geborstenem Glas. Und über allem Staub der Jahrhunderte und das sardonische Antlitz der Nemesis ...

LONG LONG AGO

Ach, die zärtlichen Namen,
die wir erfanden
im Schatten der Felsen
besprüht vom Schaum
der Brandung.
Initialen, geritzt
in den Sand,
Quarzite funkelnd,
kristalline Substanz,
Lichtbündel, klein:
Blendung
Schmerzen
Verlust und Weigerung.
Lichtschein blaß,
der uralten Sichel: gelber Bogen
her vom Magdalénien gespannt
leise, leise bis an
die Ränder der Nacht ...

IM LABYRINTH

Im Labyrinth
der verflossenen Jahre –
nicht zum ersten Mal die
Orientierung verloren:
verlaufen,
verirrt wie Hänsel und Gretel
und vergessen, die Brotkrümel
unserer Erinnerungen auszustreuen
ins Dickicht
vergeudeter Zeit. –
Efeugerank im Peristyl, festgekrallt
an verwitterter Kannelierung,
umwuchernd korinthisches Kapitell,
darunter gefunden
den Bogen Aktäons
in Marmortrümmern. –
Doch
niemand ist da,
der ihn
spannen könnte...

ENIGMA

I

Langsam verloren die Dinge ihren Glanz, wir überredeten uns selbst, Ängste zu bannen, warfen Kiesel in den Fluß. Über uns glühend ein Purpurhimmel, im Schilf rauschten tröstend die Lieder der Najaden. –
Mit Verlusten söhnten wir uns aus, planten Fluchten mit dem Stachel der Neugier, baten die Götter um Freiheit. Über Bord warfen wir das Gewesene, blieben unfähig, Wesentliches festzuhalten ohne die Kletten alter Rituale.
Im Ohr vergessene Devisen: Ordnung, Zucht, Pünktlichkeit und Fleiß, alle kategorischen Imperative geballt, doch wir waren machtlos, unsere Tage zu meistern.

II

Wir hatten uns abgewandt, nichts störte mehr in den fremden Regionen. Wir vergaßen die Zwänge, die uns beherrschten: Angewohnheiten, Lässigkeiten, Verluste, die vertrödelten Tage, Rituale ohne Sinn. Hinter uns ließen wir Überflüssiges, das Angehäufte in Truhen und Schränken. Wir lauschten fremden Klängen aus Farndickichten in der Tiefe der Wälder. Verzicht fiel uns leicht, wie schwebend bewegten wir uns. Vorbei das Bedürfnis, uns festzuklammern an Dinge und Orte, Bilderflut, Verse, Lieder und Worte. Hinter uns hatte sich das mächtige Tor schon geschlossen...

III

Wir baten den Fremden, uns kostbare Tage zu gewähren. Der Muezzin rief zum Gebet: langgezogene Kadenzen, Klage, Aufschrei, Beschwörung. Silhouetten der Minarette wie Nadeln in den Orangerot-Himmel. Flimmernd die Hitze des Sonnentages über dem Fluß. Grün schimmerte Tee in den Gläsern, daneben trübe die Milch der Löwen. Endlich gab uns der Fremde Antwort, wir lauschten ergriffen, doch seine Sprache verstanden wir nicht...

GIACOMETTI

Aus einem Prosa-Zyklus zu Plastiken von Alberto Giacometti

Das Absurde ist das Normale geworden, wie Schlangenhaut streifen wir unsere Gewohnheit der Regeln ab, der Ordnung, der Vorschriften, alte Markierungen, Barrieren. Giacometti: er schuf Skulpturen mit überlangen Beinen und Armen. Sanfte Lippen, die Worte formten, Bilder, Gleichnisse, Chiffren. Dünne Fäden des wunderlichen Spinnennetzes, in dem er mit Jaques Prévert, mit Sartre und Genet gefangen war. «Allein die Tatsache, daß man erzählt, verleiht den Dingen bereits Wirklichkeit, die Wirklichkeit durch Worte», sagte Giacometti.

Einmal, auf den Treppenstufen von Sacré-Cœur und in den Bistros, sah er nur Erstarrtes, Statuetten, Symbole. Die große Melange von Leben und Tod und hinter der roten Laterne des lärmenden «SPHINX» die schönen Töchter der Nacht. Über drei Stunden formte er seine Skulptur, ohne das verzaubernde Modell überhaupt wahrzunehmen.

Je mehr etwas scheitert, desto mehr wird es gelingen, sagte er sich. Er nahm von der Außenwelt nur die Dinge wahr, die ihm Vergnügen bereiteten. Seine wunderbaren Entdeckungen unter den Firnen der Dreitausender: Steine, Höhlen, Drusen, Wasserfälle, zerzauste Bäume, das Geröll im Sturzbach. «Manchmal kommt man der Wahrheit nur durch Scheitern näher.»

Was ist das Bedrohliche, das wir besiegen müssen in der Zerbrechlichkeit der geformten Dinge? Bei all den gesammelten Sachen, Bildern, Stichen, Büchern, Gefäßen: den künftigen Verlust vor Augen. Wie hingehaucht die schönen Züge auf ungerahmten Erinnerungsphotos, dazu die Worte: laßt euch nie von anderen anrühren. Es scheint, als ob eine offene Wunde klaffte, Einsamkeit strahlt aus von den Objekten. Schönheit, die uns die Gitterstäbe unserer Kammern vergessen läßt.

Die Skulptur, an Konsistenz gewinnend. Antinomie zwischen Nichts und Raumausfüllung, Offenheit und Form. Immer aus Fernen die Sicht, Gesten nur mit ausgestrecktem Arm, Isolation und die unüberwindbare Distanz – *Le secret de l'art.*
«Ob man malt, bildhauert oder ob man schreibt, etwas tut in dieser Art: immer will man der Gegenwart eine gewisse Unvergänglichkeit verleihen.» Giacometti.

SPURENSUCHE

Aus dem Katalogtext zur Ausstellung der ARE-Gilde 1995

In ihrem Spiegelbild, im Abbild, entdecken die Menschen jene Spuren, die – wie man zu sagen pflegt – das Leben geschrieben hat. Spuren, in die sich unverwischbar Zeit eingegraben hat.
Eine Spur, Spuren – was ist das? Viele Gegensätze liegen in diesem so häufig verwendeten Wort. Manches Gemeinte ist äußerst flüchtig, rasch vergehend, nur für Augenblicke, Stunden, einen Tag von Bestand. Doch wieviel Spuren gibt es, die Jahrtausende überdauerten, Zeichen urferner Zeiten und unserer Vorfahren, von denen sie stammen. Rätsel und Geheimnisse der Spuren auf dieser Erde! Es mögen Abdrücke von Füßen sein im Sand oder Schnee – Prägungen, rasch vergehend, verweht vom Wind, ausgelöscht von der Kraft der Elemente, von Sonnenglut, von Sturm, Regen und von Feuer. Spuren – nichts Bleibendes, flüchtig, verändert, zerstört, keine Botschaft für die Nachfahren.
Wunderbarerweise aber gibt es Zeichen menschlicher Existenz, die mehrere tausend Jahre überstanden, sogar hunderttausende wie die Fußspuren einer Hominidenfamilie, in versteinerter Tonschicht konserviert. Spuren früher Vorfahren blieben farbenprächtig erhalten in den Höhlen

der großen Jäger, in Altamira, Lascaux – Felsenbilder voll magischer Kraft. Andere Spuren unter Sand und Ascheschichten: Formen frühzeitlicher Bestattungsrituale, Idole der Fruchtbarkeit, Pfeilspitzen, Schalen, Ritzzeichnungen auf Mammutzähnen, Knochen in der Asche erloschener Feuerstellen.

Bleibende Spuren, tausendfach entdeckt in allen Teilen der Erde, Reste, Fragmente, Tempel, Säulen, Statuen, Zeichen auf Felsen, Obelisken mit Hieroglyphen und Zeichen auf Papyrus, voller Rätsel. Es sind Botschaften hin zu uns Lebenden durch die Zeitalter.

Aus der römischen Epoche tauchen – die Kinder der Rheinorte wissen es genau – immer wenn der Strom stieg, Uferböschungen und Wiesen überflutete, nach der Überschwemmung kleine Fundstücke auf: zwischen Geröll, Holzstücken und vielerlei anderem Angeschwemmten findet man jene rötlich schimmernden Ziegelreste, Bruchstücke, Scherben von Schalen, Krügen, Fliesen aus Ziegeleien und Töpfereien, die in der Ebene neben dem Kastell der Römer standen. Terra sigillata.

1988

Auf Spuren des Gewesenen stoßen wir beim Gang durch ein einsames Eifeldorf, windumtost auf der Höhe, umgeben von den Kuppen vulkanischer Domberge.
Eine brüchige Tuffmauer, Torpfeiler aus Grauwacke, bewachsen mit Moos, Flechten und Mauerpfeffer. Mörtelschichten, ausgewaschen von rauher Witterung seit über zwei Jahrhunderten. Ein leerstehendes Gehöft am Dorfrand. Das Scheunentor sieht wie ein Werk postmoderner Künstler: Reste von chromoxidgrüner Farbe, verfaulende Bretter, Schadstellen mit Blechstreifen übernagelt. Wunderliche Muster aus Rost färben die Fläche, verbinden sich mit morschen Holzstrukturen zu einem faszinierenden abstrakten Gebilde. In einem Winkel des Hofes verrostetes Feldgerät. Relikte einer Zeit, die Armut kannte, Kargheit, Entbehrungen und schwere körperliche Fron ums tägliche Brot. Überbleibsel, Sinnzeichen des Vergangenen, die unsere Vorstellungen zurückführen in Zeiten, da das windschiefe Fachwerkhaus bewohnt war, im niedrigen Stall Vieh stand und der Pflug Furchen zog durch die steinige Eifelerde. Alles lange vorüber, verweht – es blieben nur leblose Spuren...

EIFLER APFELBAUM

Efeu, Moos, Lianen, Flechten, Geißblatt, Baumpilz, Risse, Cavernen, Nester, Labyrinthe – all das am und im alten Apfelbaum auf dem Vulkanhügel mitten im Gewirre der Dornenhecken. Hitze, Frost, Schnee, eisige Stürme: der Baum überlebte stets, Zähigkeit in Stamm, Wurzeln und Geäst. Hinter einer Schwarzdornhecke die kleine Lichtung, auf der er seit Urzeiten wächst neben Ginster, Heckenrosen, Brombeergeranke und Waldweidenröschen – ein dorniger Wall ums Märchenhafte. In der Mitte der Lichtung steht er, alt, schief, unverwüstlich: der Eifler Apfelbaum in der Wildnis.

Zwei Äste verdorrt, die Rinde verkrustet, bedeckt von Flechten und Moos die Wetterseite – aber, ein kleines Wunder, jedes zweite Jahr trägt er Früchte, kleine, grünliche Äpfelchen, dicht an dicht.
Nein, es sind nicht die Äpfel der Hesperiden, nicht makelloses rotbackiges Edelobst von Plantagen unten im Rheintal. Es sind Früchte karger Erde, gewachsen auf Basalt, Tuffgebrösel, Lapilli, Gekröse, über den erloschenen Fumarolen Eifler Vulkane. Sie zeigen nicht die vollendete Schönheit mediterraner Geschwisterfrüchte in glänzender Rundung und bestechenden Pastelltönen. Kleiner sind sie, knorrig, scheinbar mißraten in ungleicher Formung. Eng beieinander hängen sie im rissigen Geäst, fast wie Trauben, aneinandergerückt, als wollten sie sich schützen vor rauhem Wind. – Nein, sie wuchsen nicht im Paradies, diese Eifler Wurksäpfelchen. Mit einem von ihnen hätte Eva ihren Adam nicht locken können – sicher hätte der Verwöhnte den Schrumpfapfel verschmäht!
Im Herbst zwängten wir uns murrend durchs Gewirr von Schwarzdorn, Brombeeren und wilden Rosen, Risse im Rock, Blut an den Händen, Dornen im Bein. Mit grünen Winzlingen füllten wir den Korb – ach, wie schmeckten die säuerlich! Doch, als wir sie später mit Freunden im Winter verkosteten, kam die Erkenntnis: in einem solch kleinen, verhutzelten, farbschwachen Äpfelchen sind alle Geheimnisse, alle Ingredienzen unserer vulkanischen Landschaft verborgen.

AHRWEILER

Weit dehnt sich die Mauer mit Türmen und Toren, umklammert die mittelalterliche Stadt, ihre Häuser, Straßen, den Marktplatz und St. Laurentius. Seit Jahrhunderten bietet sie Schutz und Zuflucht, gab den Bürgern einst das beruhigende Gefühl des Gesichertseins und der Geborgenheit. Doch ist diese Mauer nicht deutbar als Sinnbild von Sichverschließen. Offen stehen die vier Tore, empfangen Gäste, die ins Städtchen strömen und dort – in einem Zeitalter pausenloser Geschäftigkeit und Hektik – jene Stille und Romantik vergangener Zeiten suchen, nach denen der moderne Mensch sich sehnt.
Da steigen Bilder auf von sorgsam gehüteter Tradition, von Hutenfesten, der Fronleichnamsprozession, glanzvollen Paraden der Schützen, Impressionen von fröhlichen Weinfesten und den großen Martinsfeuern. Die Historie wird lebendig, es scheint, als ob im Gewirr des Fachwerks und alter Monumente ein Geheimnis aus vielen Jahrhunderten sich berge.

1986

KLEINES LOBLIED AUF RAMERSBACH

An klaren Herbsttagen, wenn die Sonne tiefer steht, ist der Blick vom Adertberg nach allen Seiten der Windrose unbeschreiblich: die Landschaftskonturen im Licht wechselnd und wunderbar.

Im Norden, umgeben vom dunklen Kranz der Wälder, hineingeschmiegt in die Mulde und auslaufend am Berghang liegen die Häuser von Ramersbach, überragt vom barocken Türmchen der Kirche. Jenseits vom Ahrtal und Neuenahrer Berg dehnt sich die weite Ebene bis hin zur Kölner Bucht. Wie eine Miniatur tauchen zuweilen die Türme des Domes am äußersten Rand des Horizontes aus dem Dunst auf. Zu ihm hin leiten Silberblitze das Auge, Sonnenreflexe des Rheinstromes, der sich in der Ferne verliert.

Über die Landskrone – uralter Wächter des Ahrtals – blickt man zu den violettblauen Umrissen der Spitzkegel des Siebengebirges. Hell leuchtet das Trachytgestein der Sagenburg im späten Taglicht, die Siedlungen jenseits des Stromes liegen wie grelle Sprenkel im Chromoxidgrün der Rheinhöhen.

Westwärts öffnet sich dem Blick in ineinandergreifenden Kulissen das stille Denntal mit sanften Wiesenhängen und Waldbuckeln. In lang anhaltender Stille verharrt die Landschaft, unterbrochen vom Warnschrei der Häher aus den Kronen der Vogelbeerbäume.

Nur südwärts bleibt der Weitblick versperrt von Mauern tiefgrüner Dämmerung, erfüllt von den Geheimnissen der Wälder, die kleine Eifeldörfer einschließen wie Inseln.

Über den Dächern von Ramersbach erlebt man Sonnenuntergänge, die alles in unfaßlicher Weise verändern: Licht und Formen, Schatten, Silhouetten, Farbklänge und Reflexe. In solchen Augenblicken wird die Wirklichkeit Teil der Mysterien stetiger Verwandlungen. Hügel, Wälder, Wiesentäler und das Eifeldorf am Berghang verschmelzen zu einem

großen Gefüge, wandeln sich in Gebilde, die als Kleid die Liladämmerung anziehen und im Dunstgewoge zu atmen beginnen. Lichterketten am Horizont werden zu Mantel und Hülle, die Finsternis der Nacht zu überstehen.
Wald, Felder, Bachlauf, Wiesen und das vertraute Dorf münden in die Ströme verwehter Zeiten: die Kette der Bilder reißt nicht ab. Gestalten aus vergangenen Jahrhunderten – Kelten, Römer, Franken und die Eifelbauern, die hier lebten und wirkten – sie ziehen vorüber am inneren Auge und versinken in der Stille der kühlen Nacht: Die Vergangenheit von Ramersbach hat uns ihr Antlitz zugewandt...

WEIDEN IM DENNTAL

LEBEN

Immer, wenn der Wind von Westen her das steinige Ufer des Baches erreicht, beginnen die alten Weidenbäume lebendig zu werden für Auge und Ohr. In seltsamem Rhythmus bewegen sich unzählige lanzettförmige Silberblättchen, drehen sich wie Kreisel, berühren einander, erzeugen im Wind Töne von unwahrscheinlicher Zartheit.

Vollkommen aber wird die Melodie bei abflauendem Wind. Sie fließt hinüber zu den Hängen und Felsen des Tales bis in die Einsamkeit der Eifelwälder.

Es ist wahr: unbesiegbar sind die alten Weiden, Lieblingsbäume des großen Pan. Nicht Stürme, Dürre, Wasserfluten, Wildverbiß und andere Wunden vermögen sie zu zerstören. In tausendfachen Verästelungen krallt sich ihr Wurzelwerk tief in den Schieferboden, unterspült vom Bach, verletzt von Gestein. Verstümmelt von Beil und Messer leben die Weiden weiter, wachsen dem Frühjahr entgegen mit ungebrochener Lebenskraft – Blüten und Blätter werden sie treiben in Hülle und Fülle, in überwältigendem Lebenswillen.

STURM

Durch Jahrtausende eingeschliffen sind alle Formen der zähen Anpassung von Ästen, Zweigen, Wurzeln und Stamm in den Äquinoktialstürmen, die wild durch das Tal rasen.

Seit Urzeiten lebensrettend die Nachgiebigkeit von Geäst und Blattwerk. In Sturmböen sind sie anzuschauen wie riesige grüne, aufgeplusterte Vögel, die sich verzweifelt mühen, ihren Standort zu verlassen, silbergrüne Schwingen schlagend im Wunsch, sich endlich zu erheben, sich loszulösen aus Verwurzelungen in Ufergeröll und Schieferspalten. Welche Täuschung! Wurzelenden klammern sich fest an angestammte Stellen, nur Federn verlieren die alten Bäume. In den Wiesen liegen sie zerstreut, der Dennbach trägt sie fort,

schwemmt sie an Kolkränder, rauscht und gurgelt durch die Sturmnacht, hüllt im kühlen, gläsernen Gewand Forellen, Frösche, Krebse und Ringelnattern ein.
Haben die standhaften Grünvögel ihr Gefieder verloren, wenn die langen, geheimnisvollen Dezembernächte gekommen sind, zerren Winterstürme an ihren dünnen Schwingen. Zweigenden peitschen wild den gefrorenen Boden, reißen Striemen in die Schneeflächen am Bachufer, lassen weißen Staub wie kleine Wolken hinauf zu den Berghängen steigen.

BIENEN

Im Frühling, wenn die Sonne stärker zu werden beginnt, kommen die großen Stunden der Weiden. Wenn Kleintiere und Insekten geweckt werden aus ihrer Erstarrung, Igel und Siebenschläfer sich regen, vernimmt man erstmalig das unaufhörliche Gesumme der Bienen, die erste Tracht suchen in den gelben Blütendickichten der Weiden. Aus ihren Höhlen taumeln sie geblendet in das strahlende Licht des Frühlingstages, folgen verschlüsselten Signalen der Kundschafter. Sie überfliegen Waldränder, Gebüsch, Wiesen und Bach bis hin zum Eldorado, zur gelb überpuderten Weide. Es beginnt ein dumpfes Summen, stete Melodie, wie schwebend und mit kaum wahrnehmbaren Kadenzen.
Die Oberfläche der alten Weide beginnt sich zu verändern, es scheint, als wachse der Baum aus seinem Volumen heraus in eine andere Formgebung. Seine Haut vibriert, gleichsam gehoben von Abermillionen Flügeln und bewegter Luft. Bewegung und Melodie werden eins in der Stunde Pans. Es fehlt, daß der Baum sich erhebe, Teil für Teil fortgetragen von den Bienenschwärmen, hinweg über Bach und Felsgrat ostwärts zum Rheinstrom, in das milde Klima der Ebene ...

WINTER

Warum die Weiden Lieblingsbäume der Raben sind? Niemand weiß es. «Die Odinsboten saßen schon immer da drin!», sagten die alten Bauern, die in ihrer Jugend Weidenruten schnitten, sie geschmeidig machten und in langen, verdüsterten Wintertagen Körbe daraus flochten neben dem blakenden offenen Feuer, über dem der Gerstenkaffee in Blechtrommeln geröstet wurde.

Weiden im Winter: wie Octopusarme in ununterbrochener Bewegung, getrieben vom Eifelwind.

Festgefroren in die helle Eisdecke des Dennbachs bilden sie bizarre elliptische Bögen von der Höhe des Astwerks bis hinunter in die kristalline Fläche erstarrten Gewässers, gefesselt vom Eis – bis Tauwetter im März sie endlich loslöst.

Wie zersprungene Saiten einer Lyra bewegen sie sich nach langem Gefesseltsein wieder im Wind.

IM WEIDENBAUM

Auch mit Lockrufen, Honigseim,
Zuckerbrot
ließ es sich
nicht fangen, das
unheimliche Geschöpf
im Geäst
des Weidenbaums. –
Nicht deuten konnten wir
sein dumpfes Murren, fremde
Lautung; Angst mochte
es sein oder eine
tiefverwurzelte Abneigung.
Gelblich war sein Gefieder,
weiße Punkte
an Flügelspitzen, mattschimmernd.
Ein Auge nur, leuchtend,
machten wir aus, sonst
entdeckten wir nichts Auffälliges.
Als wir trunken die
alten Lieder sangen,
verstummte
das fremde Geschöpf. Es
schloß sein Auge, als ob
es schliefe.
Im Mantel der Nacht
war es
plötzlich
verschwunden...

NEBEL

Die Zeit hatte uns im Stich gelassen; im Gewässer des Halbschlafs trieb unsere Barke dahin. Aus dem Fluß stiegen, verhüllt von Nebeltüchern, fremde Gestalten. Wir erkannten nur ihre Augen, sie fixierten uns mit archaischer Strenge. Aus Weiden und Schilf hörten wir Klänge der Syrinx, dann pötzlich Stille – lang anhaltend. In klugen Büchern blätterten wir nach, etwas zu erfahren über Herkunft und Identität, doch vergeblich blieb unsere Suche. Nur um weniges sind wir schlauer, bleiben Gefangene im Käfig unserer Imagination. Doch schweigen wir über unsere Vermutungen ...

HINTER LIGUSTERN

An einem Abend wie diesem: kalt der Sylvaner im funkelnden Glas, köstlich und herb.
Da draußen Sturm und Traumruf schlafender Amseln. Auf morschem Geäst spielen sie mit den Risiken des Abbruchs, mit Zufällen, den Gefahren des Fortflatterns, Endgültigem. Da unten, hinter Ligustern, warten sie: Katzen, geduldig auf die Gunst der Vogelgötter. Schon schärfen sie ihre Krallen ...

SUCHEN

Immer begnügt sich die erste Zeile mit Nichtigkeiten, Worthülsen, Füllseln, Banalität. Keine Hinweise, Befehle, Nötigungen ohne die Möglichkeit klammheimlicher Auswege aus Wortgewirr, Gewusel, dem Konglomerat von Wort-Torsi. Verzweifelte Sucherei nach Sinn, nach Deutungen – Eindringen in tiefere Schichten dünner Worthaut, der empfindlichen. All das bringt nichts und nächtliches Grübeln macht melancholisch. Wohltuend am Ende bleibt nur der Schlaf.

IN WATZLAWS REICH

Die Ernte der Jahre, hier liegt sie in der Garage, aufgetürmt, geschichtet, geschachtelt über- und untereinander, Miniaturgebirge aus Stühlen, Kommoden, Schachteln, Kisten, Latten, Schubladen, Tisch, Truhen, Massen geschichteter Bilder, Bücher, Skizzen: Zeugen von Onkel Watzlaws Unzulänglichkeit, mißglückte Rituale des Aufbewahrens – Eichhörnchentrieb –, verzagte Versuche, das Sammelsurium zu dezimieren, die Unfähigkeit, etwas wegzuwerfen.

Watzlaw: ein manischer Sammler! Einäugiger unter Scharen Erblindeter, ewiger Sucher nach Gesetzen der Ordnung, Möglichkeiten des Registrierens, des Aufräumens. Einsicht und Wille dazu vorhanden, doch im Augenblick eines Beginnens immerfort die Blockierung: Flüstern, ein Imperativ, nichts ändern, nichts aussortieren, nichts umschichten!

Zwischen dem Aufgetürmten schmale Gäßchen, daneben die Gebirge der Mappen, Bücher, Zeitungen; jeder Berg hat seinen Namen, gemächlich durchschreitet Watzlaw die Topographie seines kleinen Imperiums, scheut sich vor Veränderungen, Stück für Stück abzuheben, Archäologie zu betreiben, sein Troja auszugraben, zu entblättern die Urlandschaft zwischen Ordovizium und Quartär, auseinanderzubrechen diese Masse. Ein Organismus, der seit drei Jahrzehnten vor sich hinmodert. Stück für Stück sind es für ihn Teile eines einst felsenfest Gesicherten, nun Wegwerfware, Restbestände, Trödel, Gerümpel, chaotische Stapel.

Plötzliche Erkenntnis: Dieses soll weg! Zerstörung einer vertrauten Landschaft, Erklimmen der Bücherberge mit Holzleitern, Sicherung durch Seile. Gipfelrast und keine Täuschung: hier oben auf dem Mount Everest des Konservationslexikons von 1895 ist die Luft viel kühler, geht der Blick in die Freiheit über die schartigen Gipfel aufgetürmter klassischer Literatur.

Später dann Rast in der Bücherschlucht, schwerfingerig

Schachteln und Kisten öffnend, getrieben vom Fieber des Suchzwangs, einer periodisch wiederkehrenden Malaise. Ungemach dräut, wenn er, ermüdet, im Zustand leichter Verwirrung, die Schluchten, Schmalgäßchen, Cavernen seiner Schutt- und Stapellandschaft nicht mehr zielgerichtet durchqueren kann, die notwendige Ortung versagt. Zum Abenteuer wird jeder Schritt beim Vordringen im Dschungel des Gehorteten.

Er hält Rast zwischen Goethes Gesammelten Werken in roten Maroquinlederrücken und einer vergilbten Ausgabe von Schlossers Weltgeschichte, den Dünndruckbänden der Werke Gottfried Kellers und anderem, nimmt Kompaß, Winkelmaß, Stifte – und fertigt gewissenhaft eine Karte mit exaktem Verzeichnis der Berge, Schluchten, Hochplateaus, gibt ihnen Namen wie *Piz du beurre, Aiguille du soir* und nennt die Auftürmung einer vollständigen Ausgabe der Werke Brechts: *Mont rouge.* –

Tief ist er eingedrungen in den Dschungel aus abgestellten, gehorteten Objekten, Beweisen des Vergangenen; Gewesenen, Gelebten, den Geschenken zu Festen und Feiern, dem Vergnügen der Kinderschar, der Freude der Hausfrau, dem Stolz des Großvaters. Jetzt: alles vergessen, vergangen, verstaubt im Stadium der Nutzlosigkeit, degradiert zu Trödel, der in Schichten und Stapeln die ganze Doppelgarage füllt ...

Anstelle des Geologenhämmerchens benutzt W. einen eigenartig geformten Meißel, dessen eines Ende schwalbenschwanzförmige Flügel besizt, geeignet zum mühelosen Öffnen hölzerner Kisten. Seit Jahrzehnten stehen sie hier, aneinandergereiht, verschlossen.

So vermag er ans Innere vernagelter Behältnisse zu gelangen, greift nach Vergessenem, findet alte Briefe, entblättert Dokumente, betrachtet vergilbte Photographien, durchforscht Zeitungsausschnitte, Rezepte, Reiseprospekte, Päckchen bunter Postkarten aus Sonnenländern. Langsamer werden seine von spätem Ordnungstrieb gesteuerten Wegwerf-

bewegungen, da er sich vertieft in die Fundstücke vergangener Epochen, Zeugen von Begegnungen, Freundschaften, Affären, Einladungen, Mahnungen: eine papierne Summe, Partikel damaliger Existenz, – alles vage Schattengebilde, verbunden mit leisem Wehen aus Freude des Sicherinnerns, aus Schmerz, Verlusten, Trübungen und Resignation.
Aus den Schubladen des Gewesenen, den Speicherkämmerchen des Cortex tauchen verwirrend Bilderketten auf: Szenen, Episoden, Begegnungen, Abenteuer, Wortfetzen. Neu erstehen wunderbare Tage am Strand bei Paestum, in Ancona, Skagen, Nizza, Lausanne, Marakesch, Delphi.
Alpengipfel, Gletscher, Firnschnee, Schluchten nebelverhangen, Täler in Dämmer und Dauerregen, Moscheen in Istanbul, Geschrei der Händler, heisere Stimmen, Färber in Fes, Feilschen im Gedränge der Medina oder jener Adler hoch oben im Graublau der delphischen Berge über dem Tholos der Götter: alle Bilder verschmelzend in irisierendem Glanz, dem wunderbaren Leuchten der Erinnerung...

MORGEN IST SONNTAG

I.

Morgen ist Sonntag, da ziehn wir noch mal die Decke übern Kopf, drehn uns noch einmal um, geben dem Wecker gähnend Freilauf, lassen die Jalousien unten, halten die Luft an, weil wir nicht glauben können, daß heute die Zeit für uns stehenbleibt. Kein Streß, keine Hektik, keine Sucherei nach dem verlorenen Manschettenknopf, kein Toastbrot im Stehen, kein verschütteter Kaffee, kein flüchtiges Abschiedsküßchen, kein Ärger mit dem Wagen, der wieder nicht anspringen will, kein Warten an sechs Ampeln auf Rot, keine Verspätung im öden Büro, keine strafenden Blicke, keine unüberwindliche Schlafsucht am Geflimmer des Computers, keine unerledigten Aktenstöße, kein schnarrendes Telefon! Morgen ist Sonntag – da ist alles vergangen, alles vergessen, morgen wirds regnen, wen störts, denn: da ist ja zum Glück noch der Treff an der Theke, der Frühschoppen um elf! Morgen ist Sonntag – da wollen wir endlich mal pünktlich sein ...

II.

Morgen ist Sonntag, da wird der Nachbar den Wagen waschen; Geräte fürs Ritual sind schon bereitgestellt, kleines Arsenal an Zaubermittelchen: Glanzerzeuger, Polituren, Schwämme, Ledertuch, Bürsten.

Beim Glockengeläut wird er Schamane, in duftiger Blumenschürze betritt er den geweihten Asphalt. Zur kultischen Viper verwandelt er den roten Wasserschlauch, salbt mit Hochglanzmitteln sein neues Gefährt, haucht, reibt, poliert und prüft. Mehr Politur, mehr Atem, mehr Glanz – Augen geschlossen – Trancezustand, Macumba, und vor dem Kühlergrill knieend stammelt er Wortlitaneien durchs Gitter hin zum großen Zampano, flüstert magische Formeln zum Motorblock, opfert Öl in angemessener Viskosität, Lieblingsgetränk des PS-Götzen. Dann feierlich: Danksagung an Zylinderkopf, Pleuel, Gestänge, an Ventile, Anlasser, Bremsen und Einspritzpumpe, salbt noch die Pole der Batterie und die Flügel des Ventilators. Endlich behaucht er behutsam Chromleisten mit rhythmischer Kopfbewegung und beim Geläut der Glocken denkt er: Endlich ist Sonntag, endlich kann ich in Ruhe mein Prachtstück waschen, entstauben, schäumen, bürsten, polieren und wenn das Volk aus dem Hochamt kommt, dann, ja dann wird mein Volvo wieder in wunderbarem Glanze erstrahlen ...

MODERATOREN

Spät in der Nacht schärfen die großen Schwätzer ihre Zungen. Stumpf sind sie geworden vom schnellen Geplapper in Talkshows, aufgerauht an den Rändern, faserig, die Spitze abgewetzt. Der Schleifstein ist eine Sonderanfertigung für Pausenlosschwätzer, ein Amalgam aus gepreßten Verben mit kleinen Adjektivverstärkern im Gerüst aus gedrechselten Substantiven und gehärtetem ablativus absolutus ...
Nicht zu vergessen das winzige blaue Knöpfchen hinter dem linken Ohr. Ein sanfter Druck und das ganze Hirn mit Cortex, Hypothalamus und Cerebellum ist ausgeschaltet! Jetzt endlich können sie wieder drauflosreden – ohne zu denken!
Auf ein neues – und à la bonheur ...

EIN FERNSEHABEND

Etwas zu grell leuchtet der Vollmond aus der Schwärze der Nacht. Offen das Fenster, der Vorhang wehend wie Fahnentuch, im Zimmer flackert das Licht und im gleichen Augenblick zieht sich Paul Newman ein Leintuch übers Gesicht. – Dann die Elementarfrage: wer wen herumschubst und wie hoch sie sein wird, die Erbschaftssteuer. Vor dem Bungalow röhrt der alte Dodge und Marlene Dietrich singt aus der angerauhten Kehle mit gekonntem Timbre «It is a long way» und aus dem Nebenzimmer die geheimnisvolle Stimme: «Dreh dich nicht um und geh mit keinem von diesen Sonnyboys aus, der dir nicht vorgestellt wurde.»
Und genau an dieser Stelle ein *black out* in der Röhre, nur noch Geflimmer und dann Ende ...

FREI

Ich hab dich nicht verstanden, sagt er, was meinst du? Wie lange dauert das Morgen?
Am Sandstrand überschlagen sich die Wogen, Schaum, Gischt, Mövengeschrei und sie antwortet mit heller Stimme: Das Morgen meinst du? Die Schamanen sagen: Eine Ewigkeit und einen Tag, so lange dauert das Morgen!
Wann aber werden wir endlich ankommen und wo?, fragt der Mann mit dem Backenbart, und an welchen Fäden hängen wir? Wer zieht sie, streckt sie und wer bringt uns zum Tanzen?
Wann wir ankommen werden? Wir sind ja schon da!
Und aus der Brandung vor Heraklion deutlich die Stimme von Nikos Kasantzakis: ICH BESITZE NICHTS, ICH BEGEHRE NICHTS, ICH NEHME NICHTS MIT – ICH BIN FREI!

2008

FESTHALTEN

Manche Augenblicke
sind unvergeßlich,
halten Sie sie fest! –
Die Stimme des Ansagers
vibrierte unmerklich, als er
solche Binsenweisheiten verkündete.
Frage: was aber
halten wir fest?
Was eigentlich zählen wir
zum Unvergeßlichen?
Sind es die Ängste, die wir erlebten,
jene Ereignisse, die uns das Blut
stocken ließen und wo unser Herzschlag
aussetzte für Augenblicke –
oder vielleicht
wunderbare Momente flüchtigen Glücks
wie damals
unter böhmischen Vogelbeerbäumen?

TRAUM

Spärliche Beute der Nacht:
Buchstaben, Silben, Worte –
vergeblich warfen wir
die Angel aus!
Als Köder – unsere Erinnerungen,
Widerhaken geschärft –
nichts gefangen.
Nur Restbestände
des Bösen in
verrotteten Reusen.
In Ungnade fiel da der Fänger.

O SI TACUISSES

Bei den Berbern,
so heißt es,
hat
das Nichtgesagte
gleiche Bedeutung wie
das Gesagte.
Also ist Schweigen
ihre Sprache
und große Stille
zugleich
eine lange Rede.
Wenn jemand
in Tamanrasset nur
drei Worte sagt,
hält man ihn schon
für geschwätzig.
Wie aber wäre es,
wenn solche Sitten
unsern Politikern
und Moderatoren,
Marktschreiern und Festrednern
zur Pflicht gemacht würden?
Gerne würden wir ihnen stundenlang
lauschen!
Nie brauchten wir
mahnend zu rufen:
O si tacuisses,
Philosophus mansisses!

2008

AHNUNGSLOS

Wir dachten,
die Zeit
sei eine riesige
Pusteblume,
an zierlichen Schirmchen
hingen die Früchte
unserer
künftigen Tage.
Ob ihrer Fülle
blieben wir
ahnungslos, wußten nicht,
daß ein einziger
Atemstoß des großen
Zampano alles
fortreißt über die
dunklen Wälder,
höher hinauf und
weit
ins Unbekannte...

2008

ONKEL & TANTE

I. MEDITATION

Ich meditiere,
sagt Onkel am Sonntagmorgen
und blickt
wie erstarrt
gegen die grüne Mauer aus
Buxus und Rhododendron –
vor sich
die schlanke braune Gefährtin,
Schlegelform,
mit trockenem Sylvaner.
Sonne funkelt
im Elsässerglas – nicht
zu vergessen: der Duft
seiner Rosen,
Bienengesumm und
die süßen Lieder der Amseln.
Dennoch: im gleichen Augenblick
stürzt sich der rote Milan
auf die Maus,
die ein einziges Mal nur
an diesem wunderbaren Morgen
das Sonnenlicht
spüren wollte...

II. UNSICHTBARES

Niemand sonst konnte sie sehen, die unsichtbare Welt unter dem Tisch und so kam es, daß Onkel oft seinen Blick senkte – sein Kopf hing in einer Fünfundvierzig-Grad-Richtung, das Auge starr auf scheinbar Unsichtbares fixiert. Nur hin und wieder hob er den Kopf, pickte an der Pastete, nahm ein Schlückchen Sylvaner.
Tante wurde gegenüber Besuchern nicht müde, diese seltsame Haltung bei Tisch als ein Zeichen unangemessener Bescheidenheit zu kaschieren. Dies erklärte den insgeheim Staunenden auch, warum Onkel dem Ragout fin so wenig Aufmerksamkeit widmete, ein Pilzgericht stehen ließ und das aufwendig verfertigte Dessert verschmähte.
Tausendmal hatte Tante ihm die Frage gestellt, was er denn mit schrägen Blicken unter dem Tisch suche, doch Onkel schwieg stets beharrlich, nicht bereit, seine winzigen Freunde, die sich zierlich zwischen seinen Füßen da unten bewegten, zu denunzieren. Seine Versuche, ihre Sprache – sie bestand aus seltsamem Gewisper und hochfrequenten Pfeiftönen – zu erlernen, schlugen fehl und so ließ ers dabei bewenden, ihnen unterm Tisch freundlich zuzulächeln.

III. VERDACHT

Onkel liebte den alten Spruch: Wenn die Katze aus dem Haus ist, feiern die Mäuse Kirmes! Nicht unbedingt war damit Tante gemeint, doch nahe lag der Verdacht, daß bei ihm die Glocken läuteten, sobald Tante die Tür hinter sich zufallen ließ und für eine Weile einfach verschwand. Sogar sein Rheuma samt Atemnot vergaß Onkel in solchen Momenten eines unerwarteten Glücks und er pflegte zu sagen: Womit habe ich das verdient?...

MESALLIANCE

Das Kartenhaus
ist eingestürzt!
Wir atmeten
einen Augenblick zu heftig,
ein starker Luftzug, unabsichtlich.
Zufall, ein wenig Gravitation
und alles wankt.
Lautloser Zusammenbruch.
Der papierne Kunstturm – nur noch
Trümmerhäufchen.
Doch Trost: friedlich nebeneinander
schlafen sie,
Kreuzbauer und Herzkönigin...

NACHTGESCHICHTE

Immer erscheint das Gestern schöner als das Heute. Zu später Stunde: ein Sammelsurium der Erinnerungen. Da läuft plötzlich die winzige Spinne über mein gelbes Blatt. Aus unerfindlichen Gründen benutzt sie die Diagonale, steigert ihr Tempo, turnt die Kanten entlang – Äquilibristik um Mitternacht. Jetzt mit Tanzschrittchen unter ein Eselsohr, während mein Kaiserstuhl-Chardonnay warm wird im Glas. Vorsichtig red ich sie an – für einen Augenblick verharrt sie. Arachnophobie überwindend setz ich sie auf die Fingerspitze. Könnt ich doch nur die unbekannte Spinnensprache ein wenig entschlüsseln, ich hätte gehört, wie sie sprach: Du brauchst nur die Arme auszustrecken, das Fenster zu öffnen und du flögst hinaus in die Vollmondnacht! Doch, ich sehe dich träge im Lehnstuhl, im Grünen Heinrich lesend auf Seite achthundertsechzig und so rat ich dir: Trink endlich dein Glas aus und mach dich ins Bett...

1994

RÄTSEL

Noch wissen wir nicht, wer sich eingenistet hat im Dickicht unserer Hecke am südwestlichen Ende des Gartens.
Fremde kamen ins Haus, fragten mit seltsam verstellten Stimmen nach dem uns unbekannten Geheimnis. Irgendetwas Geflügeltes – so flüsterten sie und taten vertraulich – sei es gewesen: hell, manchmal wie Seide schimmernd und vom Winde aufgebauscht wie ein Schleier...
Wir gingen unwissend zu später Stunde zur Ruhe – zu müde, um Rätsel zu lösen, die nicht zu unserem Weltbild gehören.

MYTHOS WASSER

Rede zur Eröffnung der Ausstellung der ARE-Gilde am 13. Juni 2008

WASSER – in Strömen kommt es von oben herab, füllt Rinnsale, Bäche, Flüsse. Und hier, in unserer Heimat – Eifel, Ahr und Rhein – drängt es von unten her aus den Tiefen, aus dem Innern vulkanischer Gesteine als Quelle, klar, kühl, von großer Reinheit, eine Labe mit Heilkräften für den erschöpften, durstigen Menschen. Wasser – Elixier unseres Daseins!

Wasser – ein magisches Wort, das in uns eine Fülle von Vorstellungen und Erinnerungen wachzurufen vermag, an Bilder von Sonnentagen am Flußufer, am Meer, Wanderungen durch ein Felsental, das Überschreiten einer Brücke, das Rauschen eines Wasserfalls, den Atem der Stille an einem See.

Wer hätte das nicht schon einmal erlebt: Durst haben, dürsten! – Nach langer Wanderung unter glühender Sonne über eine Hochebene, durch ein enges Tal und die großen Eifelwälder wird man plötzlich gequält von einem Urgefühl, das Mensch und Tier gleichermaßen befällt: Durst.

Wenn man dann das Glück hat, eine Quelle zu finden, kommt ein unvergleichlicher, ersehnter Augenblick einer Geste, eines kleinen Rituals, das der durstige Mensch seit Jahrtausenden in immer gleicher Weise vollzieht: Am Rand der Quelle kniet er nieder, er neigt sich hin zum Wasser, seine Hände wölben sich zu einer Schale und er schöpft das wunderbare Naß, trinkt und trinkt, stillt seinen Durst. Er genießt diese Zeitspanne einer köstlichen Sättigung und vielleicht denkt er zögernd: Nein, nicht tauschen möcht ich jetzt mit einem Gang in meinen Weinkeller, mit einem Neuenahrer Kirchtürmchen, einem Walporzheimer Himmelchen, einem Bachemer Frühburgunder – nie hätte ich gedacht, wie gut dieses klare Wasser mundet und meinen Durst stillt!

MYTHOS WASSER: Seit Urzeiten hat das Element Wasser eine starke Symbolkraft. Es war Sinnbild für eine kostbare, existentiell bedeutsame Gabe der Götter, ein Geschenk, das Leben erhielt, aber zugleich schicksalhafte Bedeutung gewann als zerstörerische Urgewalt bei Unwettern und Überflutungen. Viele Völker besitzen in ihren Mythen, frühen Schriften und dem überlieferten Wort Schilderungen von der Weltkatastrophe einer Sintflut, in der sich das Wasser offenbart als ein chaotisches Element: bedrohend, lebensfeindlich. Aber: nach endlosem Regen, nach Sturm und Wasserwogen erscheint am Firmament ein wunderbares göttliches Zeichen von Rettung und Versöhnung: der Regenbogen. Ein Symbol für die Wiedergeburt des Menschen zu neuem Leben.

Im Element Wasser sehen wir beide Kräfte der Natur: Heilkraft und Zerstörung, vernichtende Fluten, die Atlantis und Vineta untergehen ließen und die sich in jüngster Zeit in Asien ereigneten.

Diese Antinomie, dieser Gegensatz übte schon immer auf den Menschen eine starke Faszination aus, von den Urzeiten des homo sapiens bis zur Gegenwart. Wasser als Erwünschtes und Gefürchtetes. In ihren dreitägigen Bittprozessionen beteten die Bauern in der Eifel: «Vor Blitz, Hagel und Ungewittern verschone uns der Herr!»

Panta rhei – alles fließt, heißt es in der griechischen Philosophie, und wir vergleichen das Fließen und Strömen des Wassers mit dem unaufhaltsamen Fluß der ZEIT, einem Phänomen, dem wir alle gleichermaßen unterworfen sind. Der Verlauf, das Vergehen unserer irdischen Zeit wird symbolisiert vom nie stillstehenden strömenden Wasser. So sagen wir oft: Mein Gott, wie rasch doch die Zeit verfließt. Oder: auf dem Strom, den Wassern der Zeit, treibt unser Lebensschiff dahin.

Immer schon gab es diese geheimnisvolle Verbindung zwischen dem Element Wasser, den göttlichen Gaben, der heilsamen Notwendigkeit von Reinigung und Erneuerung des Menschen und die bildliche Bindung an das Rätsel unserer Zeit. In vielen Religionen wird das Wasser geweiht, mit geweihtem Wasser empfängt der Mensch die Taufe, mit geweihtem Wasser werden die Menschen gesegnet.

Wasser in seiner mythischen Deutung wird zum Lebensquell, wenn es nach langen Zeiten tödlicher Dürre und des Vertrocknens die ausgedörrte Erde tränkt und neues Leben weckt, Wachstum und Fruchtbarkeit bewirkt – ein Segen der Erde.

Sinnbild für Dürre, Trockenheit, Wasserlosigkeit war für die Menschen stets die Ödnis der Wüste in ihrer Menschenfeindlichkeit. Nirgendwo berühren sich die Gegensätze von Dürre, Durst, Verschmachten und dem lebensrettenden Labsal Wasser stärker als hier. Ein archaisches biblisches Geschehen kennen wir, das diese Gegensätze darstellt: inmitten einer öden Felsenwüste rettet der Prophet sein Volk vor dem Tod des Verdurstens – Moses schlägt Wasser aus dem Felsen.

WASSER DER HEIMAT:Das sind die Quellen, die Seen und Teiche, die geheimnisvollen stillen Maare, die Brunnen. Das sind die fließenden Gewässer: Rinnsale, Bäche, Flüsse, der große Strom. Sie bilden das lebendige Adernetz unserer schönen Landschaft vom Rhein bis zu den Kegeln der Vulkaneifel. Oft sind sie tief eingegraben seit Jahrtausenden in devonische Schichten, fließend in unaufhörlicher Bewegung über Sedimentgestein und bizarre Fossilien. In mäandrischem Verlauf prägen sie die Landschaft unserer Region, umrandet von großen Wäldern als Wasserspeicher, von steilen Rebhängen aus Schiefer, Mergel und Grauwacke, hier an der Ahr und drüben am Rhein.

Wasser der Heimat: still liegt der See, wie geschmolzenes Blei glänzt sein Wasserspiegel im Licht untergehender Sonne. Doch das Wasser der Flüsse – so im Ahrtal, im Brohltal, am Rheinstrom oft geschehen – wandelt sich, nach einem

Unwetter, zu einer unbändigen Gewalt, überschwemmt das enge Tal, reißt Häuser, Ställe, Bäume, Reben, Mensch und Vieh mit sich fort, drückt Brücken ein, läßt Trümmer, Schlamm und Schutt zurück.

Heimisches Wasser und Vulkane unserer Landschaft, zwei Gegensätze: das Plutonische und das Aquatische, Feuer und Wasser – zwei Urgewalten der Natur, denen der Mensch schon immer ausgeliefert war.

Eine Reminiszenz zum «stillen Wasser»: An unseren Bächen und Flüssen gibt es verborgene idyllische Stellen, wo das Wasser unter dichtem Weidengezweig ruhiger fließt und kleine Kolke bildet. Diese besonderen Orte kannten die Buben der Dörfer und dort erprobten sie beim Viehhüten eine besondere Fähigkeit, aus Instinkt, Jagdlust und dem Urtrieb des geborenen Fängers. Mit den Händen fingen sie dort Krebse und Bachforellen, wickelten die glitschige Beute in Huflattichblätter und trugen sie mit dem Gesichtsausdruck völliger Unschuld flugs nach Hause. Welch köstliches Mahl mit dem erhebenden Gefühl, sowohl die Beute selbst als auch den strengen Aufseher überlistet zu haben...

DIE BRUNNEN RAUSCHEN. «Hört ihr, wie die Brunnen rauschen in der kühlen, dunklen Nacht?» Das war die Zeit der alten Dorfbrunnen in der Eifel, an Ahr, Vinxtbach, Brohltal und Rhein. Auf freiem Platz ein Trog aus Basalt, Tuff, Grauwacke oder körnigem Buntsandstein: eine Tränke für das Vieh, wenn es abends durstig heimkehrte von der Weide. Ein archaisches Bild: der alte Hirte, eine Kuhherde, der Brunnen, sein Rauschen und darüber wie ein Gewölbe das Astwerk der Linde. Das war der Ort, an dem sich abends die Dorfjugend traf; hier sangen sie die schönen, heute fast in Vergessenheit geratenen Volkslieder wie «Am Brunnen vor dem Tore» und andere alte Weisen.

Hier holten die Frauen und Mädchen Wasser, hier wurden Neuigkeiten flüsternd ausgetauscht. Am Dorfbrunnen trafen sich die alten Männer, rauchten ihr Pfeifchen, sprachen

über Dorfpolitik und den Lauf der Welt, dann schwiegen sie lange. Hierhin kamen zu später Stunde die Liebespaare – auch sie schweigend. Das alles ist lange her, die Zeiten haben sich auch in den kleinen Dörfern und Weilern gewandelt. Man wird von leiser Melancholie befallen, wenn man sich solche Bilder der Vergangenheit ins Gedächtnis zurückruft.
MENSCHEN AM BRUNNEN, an einer archaischen Stätte der Begegnung. Uralt ist das verbindende Symbol, das der Brunnen darstellt. Prächtig waren sie, die Wasserspiele und kunstvollen Brunnen der Renaissance mit Göttergestalten, Statuen vollendeter Schönheit und Anmut, reich an Allegorien, wahre Wasserkunstwerke einer prachtliebenden Epoche. Jeder Rompilger kennt ihn, den berühmten Trevi-Brunnen, jeder hat seinen Obolus in die Schale geworfen in der Hoffnung, wiederzukommen in die ewige Stadt. Denken wir an die Bibel: der Herr mit der Samariterin am Jakobsbrunnen oder das heilende Wasser des Teiches Bethesda, über dem der Engel schwebte. Der Jordan, der Bach Cedron, das Rote Meer, der Nilstrom und die Flüsse Babylons, an deren Ufern die Verbannten weinend saßen. Schließlich der See Genezareth.
Bei den Griechen war es der Acheron, auf dem der Ferge Charon in dunklem Kahn die Seelen der Toten hinübergeleitete zum Hades, hin zum anderen Ufer.
SEELENSTERNE – DAS LEBENDIGE WASSER. Seelensterne, ein seltsames Wort. Der japanische Mediziner Masuru Emoto ist der Autor eines Buches mit dem Titel: Die Antwort des lebendigen Wassers. Er schildert seine jahrelangen Untersuchungen an Wasser aus Quellen, Flüssen, Seen, Wasserleitungen und kommt dabei zu überraschenden Ergebnissen. Es gelang ihm, erstmals Kristalle tiefgefrorenen Wassers zu fotografieren, bildlich darzustellen. Erschreckt stellte er stark gestörte Kristallbilder bei schwachem, krankem Wasser fest. Jedoch bei freifließendem, unbelasteten

Wasser sah er atemberaubend schöne, herrlich strukturierte Kristallmuster. Besondere Wasser zeichnen sogar Figurationen und Gestaltungen in ihre Kristallbilder – der Forscher hat sie mit dem euphorisch klingenden Namen SEELENSTERNE bezeichnet. So besitzt das Wasser offener Quellen eine auffallend reiche, energetische Kristallstruktur.
Dies gilt in besonderem Maße für Heilquellen. Wasserkristalle (Seelensterne) sind bei einer Temperatur von minus 30 Grad Celsius unter dem Mikroskop erkennbar, so wird der Zustand des Wassers in differenzierten Formen sichtbar. Masuru Emoto stellte fest, daß Leitungswasser in Großstädten – durch viele Rohre gepreßt, mit Chemikalien versetzt, denaturiert – zur Bildung einer energetischen Kristallstruktur kaum noch fähig ist.

Wenn wir solche Erkenntnisse bedenken, müssen wir unser heimisches Wasser aus Quellen und Sauerbrunnen erst recht hoch einschätzen und dürfen es als ein kostbares Gut, ein Geschenk der Natur preisen. Dies gilt besonders für das Wasser des Heilbades Bad Neuenahr, dessen 150jähriges Jubiläum wir in diesem Jahre begehen. Heilung durch Wasser – da denken wir auch an Sebastian Kneipp, der die bereits in der Antike praktizierte Wasserbehandlung bei Krankheiten aufnahm und sein berühmtes Behandlungssystem entwickelte. HEILWASSER – welch wunderbarer Name! Wie viele Menschen haben Linderung und Heilung ihrer Leiden hier im Ahrtal und am Rhein in den Bädern gesucht und gefunden. Dichter, Musiker, Maler, Fürsten und Grafen reisten hierhin in die Kurbäder. So kam der russische Dichter Iwan Turgenjew nach Sinzig, Victor Hugo war in Bad Breisig, die Kaiserin Auguste-Victoria weilte in Neuenahr. Der Maler Nicolas Ponsart labte sich am Wasser der Quellen im Ahrtal, Kinkel, Karl Simrock, Ernst Moritz Arndt tranken das Wasser aus den vulkanischen Quellen – und, eins schließt das andere nicht aus: sie genossen abends in froher Runde mit den Bonner Studenten auch den wunderbaren Spätburgunder.

Unser heimisches Wasser kannten und schätzten bereits die Römer. Über viele Meilen leiteten sie es von der Vulkaneifel über kunstvolle Aquädukte bis zu den Kastellen am Rhein. Die Quellen in unseren geheimnisvollen, dunklen germanischen Wäldern waren für die Römer mythische Orte. Hier verehrten sie die Quellennymphe Egeria, glaubten Pan und sein Nymphengefolge zu erblicken im Schilfdickicht.
In Sagen und Legenden spielte das Element Wasser eine wichtige Rolle. Der geizige, räuberische Ritter und sein Gefolge gingen unter in einem tiefen Eifelmaar und das hartherzige, eitle Burgfräulein versank mit ihrem prächtigen Schloß in den Fluten des Laacher Sees. Unsere Vorfahren glaubten in den Äquinoktialnächten die Rufe der Wassergeister aus den unergründlichen Tiefen der Maare zu hören. So waren die Quellen, die Seen und die Ströme schon immer umgeben von einem Schimmer des Geheimnisvollen.

Ob die Römer bereits die Wirkstoffe des Heilwassers kannten, ist ungewiß. Wir lesen heute auf den Etiketten der Apollinaris-Flaschen von den Mineralien des kohlensäurehaltigen Wassers: Natrium, Magnesium, Hydrogencarbonat, Chlorid, Sulfat, Kalium. – Es gab kranke Ahrwinzer, die anstelle ihres gewohnten Rotweins einmal Heilwasser trinken mußten und die sprudelnde Flüssigkeit voller Abscheu hastig mit geschlossenen Augen schluckten …

Etwas Bedeutsames wollen wir nicht vergessen, etwas, das zum Thema unserer Ausstellung MYTHOS WASSER gehört, etwas, das heute, in dieser vom Lärm und Gedudel einer medial gesteuerten Welt so selten und so kostbar geworden ist: es ist die Stille. Nur in der Vollkommenheit von STILLE und SCHWEIGEN können wir die Geräusche – poetischer gesagt – die Melodien des Wassers, die Sprache der Gewässer verstehen: das Rieseln einer Quelle, das Gemurmel des Bächleins, das Rauschen eines Brunnens oder den ewiggleichen Rhythmus der Brandung. Diese Klänge, diese Melodien des Elements WASSER haben für den gestreßten modernen Menschen eine wohltuende, eine meditative Wirkkraft! Hier kommt er beim Schauen und Lauschen endlich zur heilsamen Ruhe.

← PONSART MALT IM AHRTAL, 2004

UNDINE

Als Sirius
in meine Kammer schien
nachts spät –
knarrend die Tür, Strahlen
auf Schleierweiß:
Undine, traurig, Gast
unerwartet aus dem Brunnenschacht.
Sterngespinst, Silberfädchen,
Zaubernetz glitzrig,
flüchtigen Ritter zu fangen –
vom Blauaug geträumt
in Gewässertiefen grün.
Rufen vergeblich, Klaglaut
und Seufzen. Nicht hörbar
Stimmen der Mägde
schwimmend im Algengewirr
mit Elritze und Hecht. Ihren
Atem verschlossen hält Nöck
in vergoldeten Kammern.
Schlüssel verloren,
verborgen im Maul
der Muräne.
Wer aber hätte den Mut,
ihr zwischen die Zähne
zu greifen?

FRÜHSCHNEE

In der atemlosen
Stille des Frühmorgens
plötzlich
ein Vogelruf,
schrill,
Angstschrei, Hilferuf
vergeblich –
dann Ruhe.
Nur
im Frühschnee
noch die sieben
Blutströpfchen aus
dem uralten
Vogelmärchen …

MOOS

Morgen ist Sonntag, da
streuen wir Vogelfutter
ins üppige Sternenmoos, längst
ist der Märzschnee geschmolzen,
die Kerne verstecken sich zwischen
den Archegonien. Immer
liegen die Dinge da,
wo sie nicht hingehören: Weizenkorn,
Blumenkern, Sesamkügelchen –
alles verloren, verrieselt,
verborgen hinter den Sporophyten –
alles umsonst –
meine listige Amsel
findet sie
doch …

HÄUFUNG

Zu dünn
ist das Papier
für die Last der Worte,
ihr Gewicht
bleibt unberechenbar.
Zu viel reihten wir
aneinander: Aussagen,
Bitten, Befehle, Gültiges,
doch das Wesentliche
suchten wir
vergebens.
In unentwirrbarer Fülle
blieb nur
das Alltägliche...

IKARUS

Nach langer Karenzzeit
Adrenalinströme wie Quecksilber
und schöner Augenschein
verblassend im Meer
der Birnbaumblüten.
Zu alledem noch
über dem Tal
der unvermeidliche Ikarus
kreisend
mit lädierten Flügeln
und Späherblick.

1998

OHNE TITEL

Nachgeschlagen
in alten Folianten –
Seite um Seite
suchten wir ungeduldig
das verlorene Wort.
Silben schwebten uns
vage vor ohne
Verbindung und Klammer.
Wir ahnten nur: das Wort
ist bedeutungsschwer, fällt
aus dem Rahmen, sein Klang
ist Magie, Formel, Lied
und Beschwörung. Doch
vergebliche Suche,
Verlustschmerz, die Synapsen
spielten nicht mit, wir hatten
den Faden verloren.
Das Wort: fortgeweht,
Silberfaden
im Aktweibersommer,
glänzende Standarte
im Gezweig
des Holunderbaums...

AUFHÖREN

Manchmal häufen sie sich,
vollgekritzelte Zettel,
und unsere – oft zitierte –
innere Stimme ruft:
AUFHÖREN!
Schluß, Ende, Fini – genug, es reicht!
Wie ein Sakrileg ist
die Verschwendung der Worte,
spurlos in alle Winde verweht.
Nirgendwo – trotz eifriger Suche –
fanden wir den Ort,
unseren Wortschutt zu vergraben,
all das überflüssig Gesagte, Geflüsterte –
tief ins Erdreich, daß es nie wiederkommt.
So aber bleibt es liegen, unbequem,
störende Überreste, Wortgerümpel,
eine ständige Mahnung an die Redseligen,
endlich sich einzuschränken,
sparsam zu sein
bei der Verwendung
des Sagbaren...

NIEMANDSLAND

Für den Herbst andere Worte suchen.
Brombeergeranke, Last roter Früchte, Apfelduft, Most. Schwerer Geruch gekelterter Trauben. Ernte und Fülle, alles ist da: Wein, Bauernbrot, Käse, Nüsse, Wurst und Speck – nur die Zeit, unsere Zeit, spielt nicht mehr mit.

Ein anderer Herbst: Melancholie der Poeten, vergangen bei fruchtigherben Schlucken. Selbst die Parzen werfen die Schere weg, wenden sich ab in den Nebel. Rostrote Dämmerungen hinter Maisfeldhügeln verheißen uns Wunderbares. Ersehnte Flucht, in Träumen bereits der Sonne entgegen.

Wir suchen die Grenzen des Teilbaren, sie haben sich erneuert, verschoben, verändert. Kalt ist die Stimme, die Niegeahntes enthüllt. Rätsel gefunden im Mikrokosmos: Vorhersagen des Untergangs. Hier tickt die imaginäre Uhr, zum Stillstand kommen Kreisbewegungen, Korpuskel erstarren. Eiseskälte, etwas wie Anhauch von Ewigkeit.
Nur wenn wir träumen, beginnt Rückkehr hin zu Urregionen, Atavismen, und endlich Ankunft dort, von wo der Bogen sich spannte.

Wörter, Sätze, Rufe, Fragen, Befehle. Warten auf Abruf. Wo bleiben die Wonnen der Unordnung? Der anarchischen Lust, verschlossene Kammern des Zeittotschlägers zu öffnen, die gespeicherten Inhalte, Botschaften und Geheimnisse zu gewinnen? – Gestern fand man neben Gleisen den alten Clochard – tot. In seinen Taschen und einem Weidenkorb hatte er Zeit gehäuft, zusammengestohlen. Bei einem Gelage am Fluß wollte er sie mit seinen Kumpanen teilen. Achtlos leerte man alles aus. Nun liegt die entgangene Zeit neben dem Bahngleis zwischen Beifuß, Rade, Leinkraut und Minze ...

Der Tag ist noch jung, wir wissen nicht, wonach wir uns verzehren werden, wohin sie zuückkehren, unsere Gedanken, aufzuzählen die uralten Tage jenseits der Grenzlinien, Schreie aus Tannendickicht und das unerbittliche Funkeln des Glasauges. Konvulsivisches Zucken im Antlitz des greisen Physiklehrers, sein Lächeln, als er die tödliche Note eintrug: Verlust eines Jahres.
Nächtlicher Flug der Wildgänse, Feuer, Kerosingestank vor Starupolewo. Schlüsselsuche zu den verborgenen Kammern, Weg über den morschen Steg und die Ängste.
Ach, hätten wir gewußt, wohin unsere Schritte gehen, wie sie gelenkt sind und vom wem...

In den Händen die Landkarte unserer Irrwege. Lange Wanderungen über Grate und durch Schluchten. Doch wohin? Längst ginsterbüschig verwachsen die Pfade. Unter lockerem Gestein gestört der spitzrüsselige Gräber, seine Gänge führen zu Höhlen des Vergessens.
Eine Lüge ist es, zu rufen: Ende gut, alles gut. – Noch bevor Frühtau auf Nesselblättern trocknet, lauern hinter Wacholdergestrüpp scheinbar schlafend die Nornen.

Frühmorgens im Park.
Erstaunen beim Wahrnehmen von Spiegelungen in convexer Oberfläche des Tropfens am Kiefernzweig. Alles erfaßt, aber seitlich verzogen, zitternde Verzerrungen – und plötzlich unsere in Frage gestellte Existenz mit ihrer kritiklos geglaubten Wohlbeschaffenheit...
Theatrum mundi im Miniaturformat, faszinierendes Farbenspiel, Opale, schimmernd, alles projiziert auf die Wölbung des Tropfens.
Alle Versuche, tiefer zu dringen in die Scheinwelten, hinter den Spiegel zu blicken mit der Sonde des Zweiflers, in der Erwartung, endlich das Wesentliche zu erfassen – alles nur Trugbild.

Dämmerlicht – nur die Silhouette des Brunnens blieb erkennbar. Das Wasser strömte lautlos. Am Horizont der Abendstern, strahlend, funkelnde Lichtbündel sandte er aus in die Geheimnisse der Nacht. Augenblicke der Verzauberung ohne Magie, ohne Beschwörung von etwas. Aus der Kulisse der Fichten schimmerten weiße Augen, eine zögernd verharrende Gestalt. Dann verschwand sie langsam hinter den Stämmen der Amselschlafbäume …

Die Anzeichen trügen, unsere Nachtwache bleibt vergeblich. Die Träume verflüssigen sich, die Ernte des Tages kläglich: unsere verlorenen Stunden, unscheinbar sehen sie aus, Fremde, unwillkommen vor verschlossener Tür. Wer will sie schon hüten, sie aufnehmen ins tägliche Verlustgeschäft? Zu schmerzlich erinnern sie an das Vertane, Vergeudete, unabänderlich Vergebliche.
Schließlich bringen wir sie in unser Haus in einer Regung von Reue und Mitleid. Decken sie zu mit geflüsterten guten Vorsätzen …

Mövenschrei über arkadischer Brandung. Unter dem Boot Kieselgeröll, kleine Fische, Amphoren im Algenwald. Mäanderfahrten zu Orten unaufhaltsamen Sturzes.
Aus delphischem Blau schnitten wir Fähnchen und Streifen – signum coeli – mit unserem Messer. Zu klein, um die Fülle der Bilder zu sammeln. Was aber bleibt – außer stummen Rufen aus den Steinmündern der Karyatiden über kimmerischem Strand? Nur ein Rest azurner Leere?
Immer erneut Hoffnung, Verlockung, Wunsch des Aufstiegs, leuchtenden Zielen entgegen – schließlich der Sturz.

STURZ DES IKARUS, 1999

Unter der zerbröckelnden Balustrade tranken wir Tee auf einer bemoosten Wiese; wie Trauben hingen Hortensien blaßblau über den Tisch.
An diesem Tag begingen wir Fehler über Fehler in einer gris-en-gris-Stimmung. Ein ausgesprochener Kahlschlagstag! Vergeudete Stunden ohne Kontur, Gesicht, Bedeutung: Ereignislosigkeit, kein innerer Erwartungshorizont mehr, kein sinnfixierender Schwerpunkt.
Wir schwiegen und sahen die Flüge der Mauersegler – schwerelos, frei.

Die Zeit wollten wir totschlagen, doch sie schlug zurück. Tief im Holz klopft das Gewürm erschreckende Botschaft. Rhytmisches Geräusch: schwere Tropfen entläßt der Wasserhahn, verflüssigte Pendelschläge der Zeit.
Wäßrige Zeigefinger der Vergänglichkeit.
Spät erst dämmern Erkenntnisse, hoch der Preis für die Summe genossener Freiheit, früherer Wanderungen, fragiler Schätze. *Trop tard...*
Nur nachts durch winzige Öffnungen im Deckengebälk dringen die Strahlen des Unvergänglichen: SIRIUS leuchtet...

Wir betraten verbotenes Land, eine Region ohne Namen, ohne Schilder, ohne Hinweise. Unter unseren Füßen bröckelte Erdreich, zerfiel, wurde flüssig, zäh. In den Wäldern suchten wir neue Wege, mißachteten Zeichen, umgingen rötliche Markierungen zwischen Stamm und Gestrüpp, vergessen die alte Bussole, verirrten uns in den Dämmerungen der Fichten. Aus dem Dickicht rief heiser ein Krammetsvogel, dann Stille. – Wir hatten den Mann hinter uns nicht kommen hören, er begleitete uns lautlos, lächelte, Unheimliches ging von ihm aus. Wir stellten Wegmarken auf, Wurzelwerk, Astgabeln, Buntsandstein und Schiefer. Tiefer führte der Pfad in die Schlucht. Ratlos standen wir endlich vor einem eisernen Tor, vergebliches Rufen – es blieb verschlossen. Wir schauten zurück, doch der Fremde war spurlos verschwunden ...

Wenn wir ankommen an der Zollstation des Niemandslandes, unterwegs zu Regionen des Unabänderlichen, werden wir müde sein – Proviant aufgezehrt, die Kunst des Einteilens vergessen. Lange Wanderschaft, Durststrecken, Hungergefühl.
Doch getrost, es wird Ankunft sein, Innehalten, Rast unter roten Vogelbeerkorallen, ziehende Cumuluswolken. Im Blau Vogelrufe und Flügelschläge, tief wird sein unser Schlaf.

KLASSENTREFFEN

Plötzlich drehn sich die Rädchen, Achsen, Transmissionen, rattern Malteserkreuz und Perforation. Es rasseln die Ketten der Erinnerungen, Bilderfluten, hergeholt aus der Zeitferne – Gerüche, Farbtöne und Klänge. Der viktorianische Prachtbau, der Zwicker des Lateinlehrers, zwei Stunden im Karzer, Sprung vom Dreimeterbrett, ein Lächeln La Janas und dann Trauer über Gustav, der drei Bomber abschoß, seine Spur verlor sich im Wasser des Kanals ... Staubstraßen, Eiswege, Zittern, Feindesland, *wenn alles in Scherben fällt und die blauen Dragoner, sie reiten ...* nur noch zurück, rückwärts in Gräben, in Löcher, Faschinen und Stacheldraht ... Bilder und Emotionen: beim Klassentreffen der Greise trat plötzlich große Stille ein.

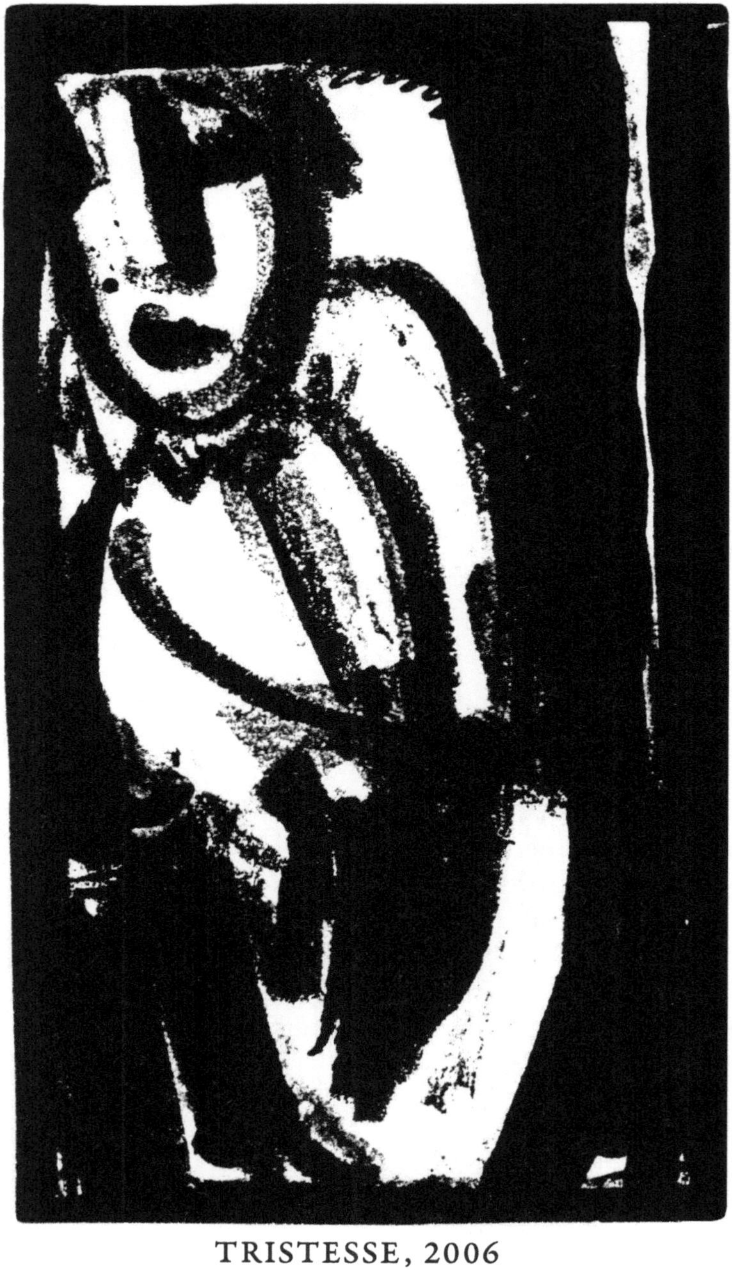

TRISTESSE, 2006

ALTE FRAGE

Was lassen wir zurück –
die alte Frage:
ein kleines Laboratorium
der Imagination,
Stöße von Briefen, Notizen,
Skizzen, Gekritzeltes,
Vorsätze, Schwüre, Gebete,
alles nicht Begonnene,
Gestammel, Scham, Glück,
kleine Novemberdepressionen,
viele Irrtümer, Schmerzen?
Von alledem ein wenig
im vergitterten Käfig
unserer
Erinnerungen...

SPLITTER

Unser Stundenglas
ist zerbrochen –
der Sand
unserer Zeit
zerstreut
in alle Winde.
Nie wieder können
wir Stunden zählen,
Kristalle rinnend
durch
die Enge
künftiger Tage.

ALTER SPRUCH

«Wenn der Herr
die Gefangenen Sions
erlösen wird, dann
werden sie sein
wie die Träumenden.»
Auf vergilbtem Zettel
wunderbarer Spruch.
Doch
dann die Frage:
wer aber
sind sie,
die
Träumenden?
Und
sind wir
alle
nicht die Gefangenen
unseres
verborgenen Ichs,
das uns
im Traum
endlich
die Wahrheit sagt?

SOMMERENDE

Bei Monteverdiklängen

Im Schatten
der Ebereschen
lauernd: Verhängnis.
Amselruf
erloschen in Mittagsglut.
Auf blauem Basalt
das Lindenblatt
gelb –
zu früh gefallen.

SCHLAF

Während du schläfst,
dreht sich die Erde weiter,
unbekümmert
um deine Träume und
ihre Abenteuer, den Flügen
mit ausgebreiteten Armen
hoch über Flüssen, Seen und den
Wogen der Ozeane. –
Während du schläfst,
ticken die Uhren ihr Crescendo
und unaufhörlich laufen
die Zeiger um die Peripherie
der Vergänglichkeit,
kleine Finger des Schicksals.
Welch ein Glück,
daß du schläfst und
es nicht merkst. –
Während du schläfst,
dreht sich die Erde weiter.

ZEIT

Mit Trippelschrittchen
tappt sie
neben dir her:
kleinwüchsig, harmlos, bescheiden.
Fast hörst du sie nicht
auf leisen Sohlen. –
Treu ist sie, läßt nie
dich im Stich, ist
wie dein Schatten, Schlemihl
im Dunkel, unlösbar
Teil deines Ichs. –
Doch das Bündnis ist brüchig.
Eines Tages ist es
soweit: bitter, die Stunde
der Wahrheit!
Jetzt wird es Zeit, sagt
die Gefährtin, ich
muß dich verlassen, dort
wo du hingehst brauchst du
nicht Uhrwerk und Pendelschlag!
Dort wo du hingehst
bist du mich los für alle Zeit – dort
drüben, am anderen Ufer
wirst du
für immer
zeitlos sein ...

WER

Wer aber bist du, der
mit meiner Zeit
so umgeht, als hätt
ich noch genug
Optionen auf bessere Tage
unter Strohdächern
am fremden Strand und auf
Blutergüsse am Handgelenk
vom Zerren der Fockschot,
immer luvwärts spähend
zur grünen Bake,
Blasen achterwärts, unterm
Kiel Algengeschlängel und
tiefer schwebend
die Rätsel der Quallen.
Darüber
vergeht unsere Zeit und
offen bleibt die uralte Frage:
Wer aber hat sie
uns zugeteilt
und
wie lange noch ...?